『生命教育』系列丛书

朱永新　主编

卫星 著

守望春天

——生命教育10日谈

山西出版传媒集团
山西教育出版社

图书在版编目（ＣＩＰ）数据

守望春天：生命教育10日谈／袁卫星著. — 太原：
山西教育出版社，2020.5（2022.6重印）
（生命教育系列丛书／朱永新主编）
ISBN 978-7-5703-0970-2

Ⅰ. ①守… Ⅱ. ①袁… Ⅲ. ①生命哲学—中小学—课
外读物 Ⅳ. ①G634.203

中国版本图书馆 CIP 数据核字（2020）第 065753 号

守望春天：生命教育 10 日谈
SHOUWANG CHUNTIAN：SHENGMING JIAOYU 10 RI TAN

出版策划	潘　峰
编辑主持	刘继安
责任编辑	郭志强
助理编辑	晋晓敏
复　审	刘晓露
终　审	李梦燕
装帧设计	陈　晓
印装监制	蔡　洁

出版发行　山西出版传媒集团·山西教育出版社
　　　　　　（太原市水西门街慢头巷 7 号　电话：0351-4729801　邮编：030002）
印　装　北京一鑫印务有限责任公司
开　本　890mm×1240m　1/32
印　张　5
字　数　156 千字
版　次　2020 年 5 月第 1 版　2022 年 6 月第 5 次印刷
书　号　ISBN 978-7-5703-0970-2
定　价　35.00 元

如发现印装质量问题，影响阅读，请与印刷厂联系调换。电话：010-61424266。

补上一堂生命教育课

朱永新

2020 年伊始，一场疫情突如其来，全国人民投入到没有硝烟的战"疫"之中。

为这场战"疫"，我们付出了巨大而惨痛的代价。习近平总书记说，这次抗击新型冠状病毒肺炎疫情，是对我们国家治理体系和治理能力的一次大考。而从一个教育工作者的视角来看，这也是对我们教育工作的一次大考。我们看到，这次疫情给全国人民上了一堂生命体验课，确切地说是正在补上一堂生命教育课，因为这原本是我们每个人都应该上过的必修课。

生命与教育，本来就是一体的。教育，帮助一个生命个体从自然人变成社会人，通过拓展生命的长度、宽度和高度，帮助每一个生命个体成为更好的自己。在很多场合，我都经常跟人说，如果我们的孩子连生命都没了，那么我们的教育还有什么意义呢？同样，如果我们的社会都不关心社会安全，忽视生命健康，那我们的经济发展还有什么意义呢？这次疫情所暴露的民众缺乏健康与安全常识，公共卫生知识，避险求生和防范危机等技能普遍不足的问题，对自然和生命缺乏敬畏的问题，再一次呼唤全社会尤其是在教育领域普及生命教育。

生命教育，首先要关注自然的生命，这是生命的长度。人的肉身是生命的物质基础，基础是1，其他是1后面的0。如果我们的教育更多地关注学生的安全与健康，从最基本的教学生学会勤洗手，懂得何时需要戴口罩，懂得禁食野生动物，懂得敬畏自然，懂得敬畏生命，学会紧急避险与自我保护，养成科学饮食、锻炼身体、合理作息的良好习惯，等等，把这些基本的1写好了，生命的物质基础就打牢了。不能等到灾难来了才想起，这些需要成为我们的行为习惯，成为我们的生活方式，当然，也应该成为我们教育的重要内容。

生命教育，其次要关注社会的生命，这是生命的宽度。我们每个人都生活在社会之中，都要与别人打交道，如何学会心理换位，如何理解、宽容、尊重别人，如何成为受人欢迎、受人尊重的人？这些也都是需要学习的。疫情期间，我们听到了许多一方有难、八方支援，一家有难、众人相助的温暖故事，看到了许多医生护士的无私的仁爱之心，这些都应该是我们教育的内容，讲述的榜样。帮助学生懂得感恩，懂得仁爱，懂得尊重，拥有良好的社会情感，也是生命教育亟待加强的方面。

生命教育，还要关注精神的生命，这是生命的高度。人是一个符号性动物，人是要有价值观和信仰的，是要过精神生活的。人类那些最伟大的智慧、最伟大的思想，就在那些最伟大的著作之中。通过阅读与经典对话、与大师对话，阅读的高度就会造就我们精神的高度。能不能为了公共利益挺身而出，仗义执言？能不能为了普通百姓忠诚履责，敢于担当？疫情中李文亮医生、钟南山院士……他们身上闪耀的光芒，就是这种精神与信仰的体现。这些内容，在我主持编写的《新生命教育》读本中都有详细的介绍。拓展生命的长宽高，指导学生理解人与自然、人与动物、人与自我，人与社会的生死与共、和谐相处的生命关系，应该成为教育的基础内容。

20年来，我在全国倡导并推动新教育实验。从新教育诞生的第一天开始，我们就强调对生命的关注、关怀。"为了一切的人，为了人的一切"，这个人本主义的立场，在2000年《我的教育理想》出版的时候，我就已经明确提出。从那个时候开始，生命教育就一直是新教育的核心主题。在新教育提出的"研发卓越课程"行动中，我们把生命教育作为整个卓越课程体系的基础。经过多年的酝酿和研究，2015年，在第十五届全国新教育学术年会上，我和研究团队发布了《拓展生命的长宽高》的报告，详细阐述了新教育视野下的生命教育——新生命教育的内涵、价值和实施路径。也是在这次年会上，新教育研究院成立了新生命教育研究所，开启了研发课程、编写教材、培训推广的工作。2018年，一套贯穿小学一年级至高中三年级的全部22册、共计144课的《新生命教育》实验用书全部编写完成并正式出版，受到了全国很多学校师生的青睐和好评。

疫情当下，我们欣喜地看到，教育部办公厅、工业和信息化部办公厅联合印发的《关于中小学延期开学期间"停课不停学"有关工作安排的通知》中，明确提出要"注重加强生命教育"。那么，怎样让更多的人了解生命教育、走进生命教育、践行生命教育呢？在新生命教育研究所的策划组织下，在山西教育出版社的全力支持下，我们不仅及时推出了免费的抗疫版《新生命教育》电子书，而且由我发起了"大疫面前，勇敢成长——青少年生命教育系列公益课"活动，邀请全国生命教育领域数十位专家、学者、名师，面向青少年开讲生命教育。每节课30分钟左右，围绕"生命"主题，以"过一种幸福完整的教育生活"为核心理念，拓展生命的长宽高，引导广大青少年朋友珍爱生命、热爱生活、成就人生。这个系列课引起广泛的社会反响，其中我直播的《拓展生命的长宽高——做最好的自己》，在线听课人数达到了16.7万人；新生命教育研究所执行所长袁卫星直播的《开学第一课：生命教育》被《人民教育》《中国教育报》《中国教师报》《中国德育》等媒体平台纷纷转载。在此基础上，我们汇集了其中10位专家的讲座，编为《生如夏花——生命教育10人谈》。同时，也请首讲生命教育课的袁卫星老师撰写了《守望春天——生命教育10日谈》，以飨读者。

我写了一本小书《未来学校：重新定义教育》，里面强调未来学校的课程一定是以生命教育为基础的。未来学校，本质上就是教育回到生命的地方，是过一种幸福完整的教育生活的地方。未来学校，在本质上和技术本身是没有关系的。

生命教育，就是让教育回家，就是让每个生命个体成为最好的自己。这条路，让我们一起温暖地走下去。

愿我们成为"生死之交"

袁卫星

100多年前，诺贝尔和平奖获得者，德国医学家、哲学家阿尔贝特·史怀哲在《敬畏生命》中写道，他在非洲志愿行医时，有一天黄昏，看到几只河马在河中与他们所乘的船并排而游，突然感悟到了生命的可爱和神圣。于是，"敬畏生命"的思想在他的心中油然而生，并且成了他此后努力倡导和不懈追求的事业。

而我接触生命教育，也是缘于一个偶然的机会。

2003年，我班上一名心理脆弱的学生在他的日记本上写下了遗书性质的文字，被其同学及时发现并报告给我，作为语文老师和班主任的我在课前30分钟决定临时取消《陈奂生上城》一文的授课，改上《善待生命》这堂课，我用台湾一个罹患软组织恶性肿瘤，并被截去了一条腿的9岁男孩周大观的童诗《我还有一只脚》贯穿课堂。课堂上所呈现的生命的韧性和弹性，所探讨的生命的意义和价值成功地挽救了这个学生的生命。

这以后，我开始反思自己一直从事的"教书"职业，是否做到了真正的"育人"。我在日记里写下这样的文字："如果仅做一个'教学生语文的老师'，而不是'用语文来教学生'的老师，不能如泰戈尔所说，'向人传递生命的气息'，不能如斯普朗格所说，'将生命感、价值感唤醒'，那么，教育的意义何在呢？"

在这个过程中，我读到了一本书，是奥地利精神医学家维克多·弗兰克博士写的，叫作《活出意义来》。维克多·弗兰克博士经常问遭受巨痛的病人："你为什么不自杀？"病人的答案，通常可以为他提供治疗的线索。譬如，有的是为了子女，有的是因为某项才能尚待发挥，有的则可能只是为了保存一个珍贵难忘的回忆。利用这些纤弱的"细丝"，为生活在绝望中的人编织出意义和责任，找到"充实"——这便是他的"意义治疗法"（logotherapy）。

每个时代都有它的神经官能症，都需要有它的心理治疗法。弗洛伊德时代面临的性挫折，阿德勒时代患有的自卑感，在今天的学生其实也包括我们身上，或多或少地存在着，但当代生命主要的阴影却是一种被称为"生存空虚"的东西。我想，为了让学生不再空虚，为了让学生找到充实，我们的教育能不能也来一些"logotherapy"（意义治疗法）？这种治疗，其实就是一种唤醒。

因此，从那个时候开始，一个语文老师、班主任，投入到"不务正业"的生命教育的研究和实践中，我把生命教育的目标，定位为"唤醒"。

再后来，我师从朱永新教授，他的教育思想和哲学思想让我对生命和生命教育的理解又拓宽和加深了不少。在他的指引下，我先后读了伯特兰·罗素的《教育与美好生活》、埃尔温·薛定谔的《生命是什么》、布拉德里·特雷弗·格里夫的《生命的意义》、克里希那穆提的《生命的所有可能》、费迪南·费尔曼的《生命哲学》、贝克勒的《哲言集：向死而生》、雅斯贝尔斯的《时代的精神状况》等，并在朱老师的鼎力支持下成立了新生命教育研究所，由一个人研究实践走向团队行动。同时，我们开始定义什么是真正的生命教育。

我们认为，生命教育，就是有关生命的教育，是以人的生命为中心和原点，围绕人的自然生命、社会生命和精神生命展开教育，旨在引导学生珍爱生命、积极生活、成就人生，拓展生命的长宽高，让有限的生命实现最大的价值，让每个生命个体成为最好的自己。

我们认为，生命教育应引导学生，包括教育者本身，在生命"长宽高"方面达成以下目标：

珍爱生命。了解个体身心发展的规律，掌握促进身心健康的方法；掌握日常生活中的技能，学会保护自己，形成良好的生活方式和行为习惯。

热爱生活。熟悉开放的国际视野下与他人相处的法则；认识到个体生命的共在性以及他人存在对于自己生命的意义和价值；学会人与人之间和谐相处，相互关心、共同合作、彼此尊重、友善沟通；同情弱小，积极面对人际冲突，树立宽容意识；尊重人与人之间的差异，发展健康的人际关系。拥有个性化的积极力量，包括乐观、胜任感、自尊感、人际支持等。

成就人生。能够不断进行生命的自我体验和省思，欣赏和热爱自己与他人的生命，珍惜生命的存在，期盼生命的美好，体悟生命的意义，并且能够把这种对生命的关怀和热爱惠及他人、自然，具有人文关怀、民胞物与的胸怀以及宽广的人类情怀。

亲爱的朋友，您接受上述观点吗？

开展生命教育，有一些原则需要遵循：认知、体验与实践相结合原则；学校、家庭与社会相结合原则；发展、预防与干预相结合原则；与青少年身心发展一致的原则……也正是因为有了这些原则，在一场突如其来的大"疫"面前，开展生命教育可谓适逢其会。

我们每一天都在感受和体会着疫情的发展，每一天都在和疫情做着防控和对抗的斗争，这就有了认知、体验和实践的结合。我们的老师，开设起空中课堂，推出了在线教育；我们的家长，和孩子待在一起，由首任教师转为首席教师；我们社会上的专家学者、名师名流，纷纷为战"疫"贡献才智，这就有了学校、家庭和社会的结合。同时，我们希望我们的孩子，经过这次"战疫"的洗礼，能够认识生命、珍惜生命、发展生命，这就有了发展、预防和干预的结合。每天报道的新闻、发生的故事，以及孩子们在居家生活期间的切身感受，无一不是生命教育的最好资源。

所以，我把我们学校在原定开学日举行的网上"开学第一课"，定为生命教育课，由我自己来讲。这堂课，我主要讲了四句话：尊重自然，敬畏生命。身在隔离，心向世界。直面人性，审视自我。致敬英雄，牢记担当。这四句话，就是围绕着人的三重生命展开的。

人有三重生命，或者说，人的生命有三重属性。第一重是他的肉体生命，或称自然属性，生老病死、饮食作息，这是生命的长度。第二重是他的社会生命，或称社会属性，各种角色、权利义务，这是生命的宽度。第三重是他的精神生命，或称精神属性，超乎天地、思接千载，这是生命的高度。

我希望我的孩子们听完这堂课能够深刻领会写在我们学校生命教育研究与指导中心墙上的三句话："生命因独特而弥足珍贵，生命因自主而积极发展，生命因超越而幸福完整"，进而能在今后的日子里，珍爱生命，积极生活，成就人生。

这堂课公开后，《中国教育报》《人民教育》《中国德育》以及"中国教育三十人论坛""教育思想网"等融媒体平台纷纷转载，许多公众号的阅读数均超过了10万次。《中国教师报》以整版篇幅刊登了文字稿，《中国教育报》以读书周刊头条的形式进行了深入报道。

热潮过后，我想，难道只有在疫情下才需要生命教育吗？显然不是。

当下青少年学生，轻视生命、残害生命的现象层出不穷，生命困惑、生命障碍的问题令人担忧，生存技能、避险知识等普遍缺乏。一项统计数据表明，全国每年约有1.6万名中小学生非正常死亡，平均每天约40名，相当于一天消失一个班。因此，生命教育是解决青少年个体生命现实问题的必要途径。

2016年9月，中国学生发展核心素养研究成果发布。中国学生发展核心素养以培养"全面发展的人"为核心，分为文化基础、自主发展、社会参与三个方面，综合表现为人文底蕴、科学精神、学会学习、健康生活、责任担当、实践创新等六大素养。在"健康生活"素养方面，提出三个要点：珍爱生命，健全人格，自我管理。毫无疑问，这些大多属于生命教育的范畴。

此外，生命教育应当是现代教育的题中之义。印度诗人泰戈尔说，教育的目的应当是向人类传送生命的气息。德国教育家斯普朗格说，教育不是传授已有的东西，而是要把人的创造力量诱导出来，将生命感、价值感唤醒。

事实上，生命教育也是世界各国教育改革发展中共同完善的根本内容。1968年，美国学者杰·唐纳·华特士（J.Donald Walters）针对青少年无视生命价值的现象，在前人基于自杀预防而开展的死亡教育（Death education）基础上，首次提出生命教育（Life education）的思想。在此影响下，20世纪以来，世界各国普遍开始成立生命教育的机构，研发生命教育的教材，开设生命教育的课程。

这促使我开始扩充并写作我的《开学第一课：生命教育》，用"10日谈"的形式，冀望在疫情过后的平静日子里，继续来和您谈谈生命，谈谈生命教育。

一个人在谈话中可以采取三种不同的方式，一是独白，二是静听，三是互话。那么，现在，请允许我以我拙劣的文字，与您互话。我们的话题是什么呢？是生命？不，我更愿意把它定位为爱。这个爱虽不是花前月下的浪漫，但却是超越时空的永恒。我相信，在有限的阅读空间里，在10日互话之后，我们会成为"生死之交"。

那么，我们开始吧！

目 录

敬畏生命，尊重自然

当小鸡啄破蛋壳，芽尖顶出土层；当清风掠过肌肤，阳光洒在脸上；当感激涌上心头，思想撞击前额……你是否感到一阵怵动，刹那间散布到每个指尖？

——这，就是生命！

生命到底是什么？不同专业的学者各有各的回答。

生物学家认为：生命是物质运动的最高形式，生命的物质基础是以蛋白质和核酸为主要成分的原生质，生命运动的本质特征是自我更新和自我复制，生命是一个开放的系统。

生物化学家认为：生命是包含有储存和传递遗传信息的核酸和调节代谢的酶与蛋白质的系统。

生物热力学家认为：生命是个开放系统，它通过能量流动和物质循环而不断增加内部秩序。

生理学家认为：生命是具有进食、代谢、排泄、呼吸、运动、生长、生殖和反应性等功能的系统。

遗传学家认为：生命是通过基因复制、突变和自然选择而进化的系统……

生命到底是什么？似乎没有一个统一的、公认的、确切的答案。

关于生命，我们最熟悉的，是她的赞美曲——生命神奇，生命伟大，生命高贵，生命美丽……

的确，生命是宇宙间最伟大的奇迹。一只夏夜闪亮的萤火虫、一头笨重无比的大象、一棵参天耸立的杉树，以及一个个走在熙熙攘攘的人群中，有着不同肤色、不同名字的人……所有这些生命，构成了这个世界的活力所在。当人类的目光伸向宇宙的时候，我们发现，目光所及的是一片无尽的荒凉。而当我们回首自己所居住的星球，则是一片五彩斑斓、生机盎然的景象。大自然经过漫长的演变才出现了生命，其中任何一个微小的自然条件的改变，都有可能把生命扼杀于摇篮之中。

就拿我们人类生命的孕育与诞生来说，大家都知道，生命是精子和卵子美妙结合后产生的。然而，形似小蝌蚪的精子在与卵子结合之前需要游过阴道、子宫颈和子宫，然后游进输卵管。看似一段很近的路程，可对小精子们来说却是一个艰难又漫长的过程，就像参加了一场马拉松。

当"马拉松比赛"开始的时候，"小蝌蚪"们就争先恐后地向前冲，在这个漫长的过程中，很多"小蝌蚪"都中途掉队了，也有很多"小蝌蚪"迷了路，还有一些被子宫内的微纤毛给推了出来。能坚持下来的大约只有200个，最终到达受精的地点。但比赛仍然没有结束，它们在游过"沼泽""泥泞"翻山越岭之后，还要再冲出一条通道与卵子结合，于是它们用尾巴轻轻敲击包围卵子的数千个滋养细胞来打开一条通道。有一些"小蝌蚪"会穿过被称作放射冠的外层结构，但通常只有一只"小蝌蚪"穿过被称作透明带的结构进入卵子内，到达卵子的细胞核。当进入卵子内的"小蝌蚪"头部接触到卵子的细胞核时，卵子就立即释放出一种化学物质将自己包围起来，从而阻止其他的"小蝌蚪"进入。在这个过程中，游得最快的"小蝌蚪"在45分钟内就能与卵子相遇了，而游得最慢的也许要花费12个小时以上，大多数"小蝌蚪"都没能游完全程。精子和卵子相遇结合之后，精子的尾巴就消失了，而头部却膨大了起来，它们形成了一个含有46条染色体的细

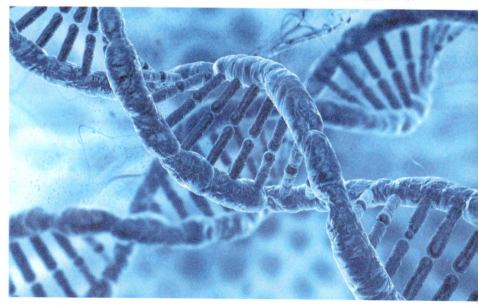

胞，在这46条具有遗传基因的染色体中，23条来自父亲，23条来自母亲。在细胞核内，染色体互相缠绕、混合。几个小时后，这个细胞复制了被称作脱氧核糖核酸（DNA）的物质，并一分为二。从这时开始，生命便在宁静中慢慢舒展，温暖而美好。

一个生命的诞生，是一个伟大的时刻。自从生命中有了"诞生"两个字以后，神圣的光环就笼罩着它，而在这神圣的背后却是母亲对于尊严的一种牺牲，那分娩的过程，那袒露的乳房，等等，都是为了这诞生的神圣。没有生过孩子的人，可能不知道自然分娩一般要花掉30个小时，可能更难感受到宫缩痛也要持续一天一夜或者是几天几夜！只有分娩过的妈妈才能够真正体会"痛并快乐着"的感受，母亲用爱和付出延续着生命。母亲懂得：诞生是一轮诗意的太阳，在它的照耀下，人间一切苦难都染上了美丽的色彩。

面对生命，我们有讲不完的故事，描不尽的图画，发不完的议论，抒不尽的感情。

作家冰心在一篇文章中打过这样的比方：

生命像向东流的一江春水。他从生命最高处发源，冰雪是他的前身。他聚集起许多细流，合成一股有力的洪涛，向下奔注，他曲折地穿过了悬崖峭壁，冲倒了层沙积土，挟卷着滚滚的沙石，快乐勇敢地流走，一路上他享受着他所遭遇的一切：有时候他遇到巉岩前阻，他愤激地奔腾了起来，怒吼着，回旋着，前波后浪地起伏催逼，直到他过了，冲倒了这危崖，他才心平气和地一泻千里。有时候他经过了细细的平沙，斜阳芳草里，看见了夹岸红艳的桃花，他快乐而又羞怯，静静地流着，低低地吟唱着，轻轻地度过这一段浪漫的行程。有时候他遇到暴风雨，这激电，这迅雷，使他的心魂惊骇，疾风吹卷起他，大雨击打着他，他暂时浑浊了，扰乱了，而雨过天晴，只加给他许多新生的力量。有时候他遇到了晚霞和新月，向他照耀，向他投影，清冷中带些幽幽的温暖：这时他只想憩息，只想睡眠，而那股前进的力量，仍催逼着他向前走……终于有一天，他远远地望见了大海，呵！他已经到了行程的终结，这大海，使他屏息，使他低头，她多么辽阔，多么伟大！多么光明，又多么黑暗！大海庄严地伸出臂儿来接引他，他一声不响地流入她的怀里。他消融了，归化了，说不上快乐，也没有悲哀！也许有一天，他再从海上蓬蓬的雨点中升起，飞向西来，再形成一道江流，再冲倒两旁的石壁，再来寻夹岸的桃花。

　……　……

　生命又像一棵小树，他从地底聚集起许多生力，在冰雪下欠伸，在早春润湿的泥土中，勇敢快乐地破壳出来。他也许长在平原上、岩石上、城墙上，只要他抬头看见了天，呵！看见了天！他便伸出嫩叶来吸收空气，承受日光，在雨中吟唱，在风中跳舞。他也许受着大树的荫遮，也许受着大树的覆压，而他青春生长的力量，终使他穿枝拂叶地挣脱了出来，在烈日下挺立抬头！他遇着骄奢的春天，他也许开出满树的繁花，蜂蝶围绕着他飘翔喧闹，小鸟在他枝头欣赏唱歌，他会听见黄莺清吟，杜鹃啼血，也许还听见枭鸟的怪鸣。他长到最茂盛的中年，他伸展出他如盖的浓荫，来荫庇树下的幽花芳草，他结出累累的果实，来呈现大地无尽的甜美与芳馨。秋风起了，将他的叶子，由浓绿吹到绯红，秋阳下他再有一番的庄严灿烂，不是开花的骄傲，也不是结果的快乐，而是成功后的宁静和怡悦！终于有一天，冬天的朔风，把他的黄叶干枝，卷落吹抖，他无力地在空中旋舞，在根下呻吟，大地庄严地伸出臂儿来接引他，他一声不响地落入她的怀里。他消融了，归化了，他说不上快乐，也没有悲哀！也许有一天，他再从地下的果仁中破裂了出来，又长成一棵小树，再穿过丛莽的严遮，再来听黄莺的歌唱。

（节选自冰心《谈生命》）

另一位作家张晓风则在另一篇文章中作有这样的记录：

那是一个夏天的长得不能再长的下午，在印第安纳州的一个湖边。我起先是不经意地坐着看书，忽然发现湖边有几棵树正在飘散一些白色的纤维，大团大团的，像棉花似的，有些飘在草地上，有些飘入湖水里。我当时没有十分注意，只当是偶然风起所带来的。

可是，渐渐地我发现情况简直令人吃惊。好几个小时过去了，那些树仍旧浑然不觉地在飘送那些小型的云朵，倒好

像是一座无限的云库似的。整个下午，整个晚上漫天都是那种东西。第二天的情形完全一样，我感到诧异和震撼。

其实小学的时候，就知道有一类种子是靠风力吹动纤维播送的。但也只是知道一道测验题的答案而已。那几天真的看到了，满心所感到的是一种折服，一种无以名之的敬畏。我几乎是第一次遇见生命——虽然是植物的。

（节选自张晓风《敬畏生命》）

然而，生命又是那样的脆弱与无奈——在人的生命过程中，每个人都会无数次地面临死亡的逼视……就拿这次新型冠状病毒肺炎疫情来说，截至2020年4月22日19时58分的统计数据显示，我国累计确诊病例84294例，累计死亡4642人；国外累计确诊病例2508339例，累计死亡人数已达175070人。

面对生命的脆弱与无奈，掩起双目是自欺，视而不见是麻木，徒叹奈何是懦弱，声嘶力竭是空洞，正确的选择是敬畏生命，并用顽强、勇敢的态度去积极面对。

有这样一首小诗，我一直很喜欢。诗的题目是《我还有一只脚》。这是我国台湾地区一位9岁的小男孩写的，他的名字叫周大观。写这首诗的时候，他因罹患软组织恶性肿瘤，被截掉了一条腿。

我还有一只脚

周大观

贝多芬双耳失聪，
郑龙水双眼失明，
我还有一只脚，
我要站在地球上。

海伦·凯勒双眼失明，
郑丰喜双脚畸形，
我还有一只脚，
我要走遍美丽的世界。

简单的几行诗，道出隽永的哲理："贝多芬双耳失聪"，但是他谱就了不朽的乐章；"郑龙水双眼失明"，但是他考上淡江大学，成为台湾地区的"立法委员"；"海伦·凯勒双眼失明"，但是她获得美国总统勋章，成为世界杰出女性作家；"郑丰喜双脚畸形"，但是他打造出了《汪洋中的一条船》……

"我还有一只脚"，是"还有"而不是"只有"。这是乐观者的一句豪言，不因失去一只脚而悲哀，不因失去一只脚而丧失整个人的意志和信念。

"我要站在地球上"，是"站在"而不是"活在"。这是一种信心的站立，灵魂的站立，精神的站立。

"我要走遍美丽的世界"，一个"遍"字，豪情万丈。没有绝望，没有放弃，没有屈服，有的是直面，是正视，是笑对。有的是活得比健康人还要精彩的壮志！

让我们记住这首诗的作者：周大观。他是顽强、勇敢的代名词，他将生命的韧性抒写到了极致。

同时，也请你记住这首诗，把它深刻在你的心头。人生旅途中，我们难免遇到挫折，遇到磨难，遇到挑战：一次考试的失败，一次亲人的不和，一次朋友的背叛，一次病痛的侵袭……包括像这次我们面临可怕的新型冠状病毒肺炎疫情。但是，我们面临的这些，和周大观这个9岁孩子所遭遇的厄运相比，算得了什么？我们不该将它们如蛛丝般轻轻抹去吗？

生命只有一次。生命是一张风光无限的单程车票。对我们每个人而言，没有了生命，就没有了一切的基础；放弃生命，就等于放弃存在的基础。所以，生命道德律的第一条，就是敬畏生命。既要敬畏自己的生命，也要敬畏别人的生命。世界上最大的罪过，就是将生命（不管是自己的还是别人的生命）无辜剥夺。

甚至，我们还要尊重自然，敬畏人类以外的一切生命。

法国作家雨果有一句话："大自然是善良的慈母，同时也是冷酷的屠夫。"

这句话怎么理解呢？我想，它说的是：如果我们善待大自然，她就是善良的母亲，给予我们阳光雨露；反之，则可能引来晴天霹雳、灾难危机。

自然灾害对人类社会所造成的危害往往是触目惊心的。它们

之中既有台风、地震、火山爆发、泥石流、海啸、洪水等突发性灾害；也有地面沉降、土地沙漠化、干旱、海岸线变化等在较长时间中才能逐渐显现的渐变性灾害；还有大气污染、水体污染、土壤污染等人类活动导致的环境灾害。

一位现代生态学家说，人类是作为绿色植物的客人生活在地球上的。若把这个说法加以扩展，我们便可以说，人类是地球的客人。作为客人，我们应当懂得尊重和感谢主人，做一个有教养的客人。甚至，对地球这个特别的主人，我们还要心存敬畏。

地球的生态系统相生相克，且形成了一个完整的闭合循环系统，我们人类也参与其中。我们应该怎样对待世界上的其他动物以及植物等一切生命？这个问题，值得我们思考。

100多年前，诺贝尔和平奖获得者，德国医学家、哲学家阿尔贝特·史怀哲提出了敬畏生命伦理思想。他在一篇文章中讲述过童年的一段难忘的经历：

一个春天的早晨，他被他的同学拉去打鸟，但给弹弓装上小石头并拉紧之后，他却无法瞄准小鸟，因为有一个神秘的命令来自内心深处，"我面对的是一只活生生的小鸟，它是一条生命，绝不能伤害它！"于是，他扔下弹弓，惊走了鸟儿……

史怀哲敬畏生命的伦理观认为，一切生命，包括动物、植物和那些在人看来显得低微的生命都是神圣的。它和我们一样渴求幸福，承受痛苦和畏惧死亡。没有任何一个生命是毫无价值的或仅仅是另一个生命的工具，自然万物在生命系统中都有其位置。敬畏生命的伦理观否认高级和低级的、富有价值和缺少价值的生命之间的区分。

史怀哲敬畏生命的伦理观认为，人的存在不是孤立的，而是有赖于其他生命和整个世界的和谐。人类应该意识到，任何生命都有价值，我们和它们不可分割。史怀哲指出，对一切生命负责的根本理由是对自己负责，如果没有对所有生命的尊重，人对自己的尊重也是没有保障的。任何生命都有自己的价值和存在的权力，谁习惯于把随便哪种生命看作是没有价值的，他就会陷入认为人的生命也是没有价值的危险之中。

史怀哲敬畏生命的伦理观重新定义了善恶的概念："有思想的人体验到，必须像敬畏自己的生命意志一样敬畏所有的生命意志，他在自己的生命中体验到其他生命。对他来说，善是保存生命，促进生命，使可发展的生命实现其最高的价值。恶则是毁灭生命，伤害生命，压制生命的发展。这是思想必然的、普遍的、绝对的伦理原则。"

是的，人类之所以生存得如此美好，一个重要的原因，是我们身边还有许多鸟兽虫鱼相伴。美国作家埃伦·拉斯金说，"在每一只动物的眼睛里都有一片模糊的影像和一点人性的闪光，通过这点奇异的光亮，它们的生命在警惕并渴望了解我们之所以能够控制它们的那个伟大的奥秘，它要求人类承认它们是生物中的伙伴"。德国哲学家马丁·海德格尔则说："人不是自然和大地的主宰者，只是它们的维护者，人应该和动物、植物平等相处。"

是的，只有当我们用平等的眼光去看待所有生命，对动物和植物给予尊重和爱护，世界才会在我们面前呈现出无限生机。我们敬畏它们，不仅仅是因为人类有怜悯之心，更因为它们的命运与人类的命运密切相关：当它们被杀害殆尽时，人类就像是最后的一块多米诺骨牌，接着倒下的也便是自己了。我们敬畏它们，也是为了更爱人类自己。丰子恺就曾劝告小孩子不要肆意用脚去踩蚂蚁，不要肆意用火或用水去残害蚂蚁，他认为自己的劝告不仅仅出于怜悯之心，更是怕小孩子那一点点残忍心以后扩大开来，以致驾着飞机装着炸弹去轰炸无辜的平民。

学会生存，守护安全

疫情期间，网上流传着一段视频。我们的"最美奋斗人"，也是今天的"最美逆行者"钟南山院士百忙之中教大家怎样准确地戴口罩与摘口罩。看着这个视频，一方面，我感到亲切；另一方面，我又有一种说不出的滋味。

大"疫"当前，该佩戴什么样的口罩？佩戴口罩应注意哪些事项？使用后的口罩能不能重复用？口罩什么情况下需要更换？口罩使用后应该如何丢弃处理？……这些问题的答案，如果是我们每个人早就已经明确并学会的生存技能、生活技巧，在疫情面前，我们就能更早、更好地保护自己。

但是，疫情伊始，除了如白衣天使那样的职业人士，人们对口罩的佩戴及规范使用意识十分淡薄，我们在公共场合时常可以见到不戴或戴错口罩的人。于是，各路媒体齐上阵，都在传播如何正确佩戴口罩，以及口罩的科学丢弃与重复使用方法，甚至不得不动用钟南山院士这样的专家和医院里的医生护士在电视上、视频里"公开授课"。

面对这样的窘境，华东师范大学教授、博士生导师、课程专家崔允漷先生表达了自己的困惑：

> 中小学不教学生戴口罩，等疫情来了再请院士教，岂不是代价太大了吗？
>
> 难道一定要将"戴口罩"这一知识点列入"高考"，我们才会教、才能学会吗？
>
> 中小学12年基础教育，其实已经多次进行过诸如"谨防感冒""注意个人卫生""不要将病毒传染给别人"等基于概念的教学，我们能否开展基于行动的教学以获得"戴口罩"的技能？
>
> 50年前，国际21世纪教育委员会在向联合国教科文组织提交的报告《教育——财富蕴藏其中》中提出了"学会求知、学会做事、学会共处、学会生存"的目标，而我们的教育、课程如何解决当下"不考就不教""只育分不育人"的问题？
>
> 90年前，美国著名的"八年研究"首要目标是关注与学生个人生活、社会生活相适应的知识与技能，而我们的课程目标是否过于抽象、宏大？
>
> （节选自崔允漷《从"几乎全民不会戴口罩"想到的……》）

我觉得，崔教授的这些发问貌似自问，实际上值得我们每一个人深思。

除了课本上的知识，生活中需要我们学会的恐怕不仅仅是戴口罩这件事情。

比如，居家的你一个人在家看电视，遇到打雷该怎么办？

打雷过后，你想起家里衣服还没洗，就照着妈妈以前教的方法打开洗衣机，但是洗衣机居然出故障了，该怎么办？

洗完衣服，你感到肚子有点饿，于是来到厨房，自己煮面条吃。煮面条的时候，你应当注意些什么？

吃着面条，你闻到一股浓烈的液化气味道，原来你忘了关上液化气阀门。你该如何补救？

关上液化气阀门，为了让自己不受液化气毒害，你站到门外等气味散尽，可是一阵风把虚掩的门关上了，而钥匙在屋里，你是爬窗户进去呢，还是到父母单位去拿钥匙？

拿到钥匙回家不久，有个人在外面敲门，说他是燃气公司工作人员上门检查燃气设备，你该怎么办？

发现对方企图破门而入，你又该怎么办？

晚上，爸爸妈妈在单位加班，邻居家着火，把楼上也烧着了。你该怎么办？

门外浓烟滚滚，电梯还亮着，你该怎样安全脱离火场？如果火烧得出不了门又该怎么办？

再比如，你在家做作业。为了完成作业，你上网查资料，忍不住在网上聊天，认识了一位陌生网友。渐渐地，你发现和对方很聊得来，于是开始和对方分享快乐、诉说苦恼。一次，对方提出了疫情过后相约见面的要求。你觉得你应该去吗？

如果你有足够的生存技能你就会知道，和陌生网友见面是有风险的：

1. 个人信息容易被泄露。

2. 钱财容易被骗。

3. 人身安全得不到保障。

4. 女孩子更容易受到侵害。

…… ……

但是你实在按捺不住心中的好奇，同意去了。那么，在见面时间、地点的选择上，你有什么主张？在交谈过程中你要注意些什么？

在我们的《新生命教育》实验用书中有一课叫作《畅游网络世界》，其中明确提示，网友见面要警惕：

1. 选择前往见面地，以免曝光居家隐私。

2. 约白天见面，地点一定要在公共场所。

3. 第一次见面，最好能携伴一同前往。

4. 出发前记得告知家人你的出行安排。

5. 出门尽量少带现金，尽量不带信用卡。

6. 不要抽对方给的烟。

7. 不喝对方自带的饮料。

8. 离开位置返回后，就不再喝眼前的饮料。

9. 不要轻易去对方的住所或酒店。

10. 察觉对方动机不纯，立即找借口脱身。

其实，网络生活也有很多安全技巧。比如，使用自己的电脑，电脑不转借；不在公共电脑保存个人信息；定期扫描电脑病毒和查杀木马；不打开来源不明的邮件；不只凭好友网上留言便汇款；密码设置要复杂；及时备份电脑数据等。这些安全技巧都是我们需要掌握的。

在2004年12月26日发生的震惊全球的印度洋海啸灾难中，一个10岁的英国小姑娘发现海水的异常变化后，因为懂得海啸方面的知识，便立刻通知其他游客，100多名游客因此幸免于难。

看到这则消息，你一定会对这位女孩表示钦佩。是的，当危机来临，意外发生，懂得救人与自救是多么重要！

据了解，在我国各类安全事故中，学生死亡人数超过了全年事故死亡总人数的60%。调查显示，我国每年约有4000万名中小学生遭受各种意外伤害，每天约有40名中小学生因意外伤害而死亡。相当于每天有一个班在消失。

这是多么令人痛心的事实啊！

面对时有发生的中小学生意外伤亡事故，人们疾呼：我们再也经不起任何"偶然"！的确，花朵一般的生命盛开的时候，我们不该再让任何"偶然"的危险逼近。实际上，80%的意外伤害是可以避免的。

首先要懂得预防。

防火：不要在易燃物品（如棉织物、柴草堆、木板堆、柴油汽油库等）附近玩火、燃放鞭炮。注意燃气灶等的合理使用，用完电熨斗、电磁炉后应立即拔掉插头。

防触电：不随便摆弄电器，尤其不要用潮湿的手去触碰电器，用久的电器设施要注意检查、维修。

防中毒：不吃过期、腐烂食品，有毒的药物（如杀虫剂、灭鼠药等）要放在安全的地方。

防坏人：不轻信陌生人的话，不能随陌生人离家出走。夜晚不独自外出，遇到坏人要记住他的外貌特征，不把贵重、稀有物品暴露在外边，平时不带过多的钱。

而交通安全防范更是重中之重。我们应当这样做：

——自觉遵守道路交通安全法律法规，文明行路、骑车、乘车。

　　——不跨越、倚坐道路隔离设施；不在车行道内坐卧、停留、嬉闹；不在道路上使用滑板、旱冰鞋等滑行工具。

　　——不骑车带人；不在人行道、人行过街通道或横过人行横道时骑行；不强行猛拐、超车，不骑车穿插机动车道；不骑车扶身并行、相互追逐。

　　——不在机动车道上拦乘机动车，不乘坐无驾驶证或饮酒人员驾驶的机动车，不向车外抛洒物品，不携带易燃、易爆等危险物品乘车。

　　——遇到交通事故，保护现场，并拨打122报警。

　　这里要特别说一说骑车安全。

　　——骑车时不要双手撒把以显示自己的能耐，其实这是拿自己的生命去冒险。

——不要在骑车时戴耳机听音乐，会因此听不到汽车的鸣笛声。

——雨天骑车应穿雨衣，不要一手持伞，一手扶把骑行。雾天雨天骑车，应穿颜色艳丽的衣服或雨衣。

——雪天骑车，要减慢速度，与前面的车辆、行人保持较大的距离。要选择无冰冻、雪层浅的平坦路面骑行，不要猛捏车闸，尽可能不捏前闸，不急转弯，拐弯的角度也应尽量大些。

当然，还需要牢记，国家规定未满12周岁的儿童，不准在道路上骑自行车。

有些事，虽说要防患于未然，但完全杜绝意外的发生也不可能。在意外事故发生时，还是那句话，要懂得救人和自救。

比如，遇上火灾怎么办？

立即脱离险境，但不能带火奔跑，这样不利于灭火，还会加重呼吸道烧伤。带火者应迅速卧倒，就地打滚灭火或用水灭火，也可用棉被、大衣等覆盖灭火。冷却受伤部位，用自来水冲洗，冷却烧伤处。脱掉伤处的手表、戒指、衣物。用消毒敷料（或清洁毛巾、床单等）覆盖伤处。伤处勿刺破水泡，勿涂药膏，勿粘贴受伤皮肤。口渴严重时可饮盐水，以减少皮肤渗出，有利于预防休克。

又比如，被人跟踪了怎么办？

不管是男孩子还是女孩子，最好不要晚上一个人在偏僻的地方行走。如果事情确实发生了，要及时向附近的商店、超市等人多的地方跑。如果跑不掉，那就藏。在发觉被人跟踪的时候，就要考虑身上有哪些东西可以作为反击的武器，并且把武器握在手里以备不测。被坏人缠住反击的时候，以下的方法能起到一招制敌的效果：用雨伞猛刺对方的要害部位；用梳子带齿的一边在对方的鼻子底下横切；把发夹、安全别针、圆珠笔或钥匙捏在手心里，每件东西的尖端都要从指缝间露出来，用来攻击；硬币夹在手指间，握紧拳头反击；用手抓紧书包的背带，随时准备抡起反击。

再比如，路遇抢劫怎么办？

保持镇定，不要惊慌失措。如果周围人较多或者有熟悉的人，可以大声呼救。如果遇到的歹徒人多或带有凶器，切切不要与歹徒发生直接冲突。随机应变保护自己的人身安全是首要原则。如果歹徒的目标不仅是钱物，还要对你进行人身侵害时，就必须设法奋力反抗，利用书包、鞋子等向歹徒发动突然袭击，攻击其要害部位。如果是你认识的人或本校学生对你勒索财物，不能表现得软弱可欺。遇到抢劫之后要找家长、老师或同学倾诉一番，不要让不良情绪郁结在心中，对自己的心理造成不良影响。

那要是被劫持和绑架了呢？

遇到劫持，不要过分挣扎，以免犯罪分子对被绑架者进行身体伤害。要尽量拖延时间，记住犯罪分子的体貌特征，使用的车型、车牌号码等。到达藏匿地点后，要尽量了解藏匿地点的环境特点，与犯罪分子周旋。尽量避免激怒犯罪分子。利用一切可能的机会，向外界传递信息，留下自己的数据信息，寻求他人帮助，摆脱歹徒的控制。

以上是关于自救的内容。除了自救，我们还要学会一些救人的技能。

比如，溺水现场急救。溺水现场急救至关重要，应争分夺秒。迅速将溺水者拖离溺水现场；清除口、鼻异物，保持呼吸道通畅；将溺水者头低位拍打背部，使进入呼吸道和肺中的水流出（注意时间不要长）；如有呼吸抑制，迅速进行人工呼吸；如有心跳停止，立即行胸外心脏按压；给溺水者换上干的衣服、注意保暖；尽快将溺水者转送医院。这里要特别强调的是，不提倡英雄主义直接下水救援，必要时下水救援首要条件是要有救援器材，受过水上救生训练，必须会游泳，熟悉水性！

比如，触电现场急救。切断总电源，如果电源总开关在附近，则迅速切断电源，然后采取下一步措施；用绝缘物（如木质物品、塑料制品、橡胶制品、书本、皮带、棉麻物品、瓷器等）迅速将电线、电器与伤员分离，要防止相继触电；对心跳、呼吸停止者立即进行心肺复苏；包扎电烧伤伤口，速送医院。

比如，交通事故现场急救。正确判断伤员伤情和受伤部位；移动伤员时注意正确的搬动伤员方法，保护脊柱和骨折肢体；按先救命，后救伤的原则，先进行心肺复苏，后处理受伤部位；迅速止血，包扎伤口，固定骨折部位；尽快转送医院。

比如，烧伤、烫伤急救。迅速将烫伤或烧伤的部位放到凉水中冲洗，至少冷却10分钟，这可以减轻伤处的肿胀程度；然后将伤口附近的衣服脱掉或剪开，如果衣服和伤口粘在一起，不要强行剥离，等待医生处理；如无破裂的水泡，可以在烧伤处涂抹抗生素软膏，覆盖伤处，并用干燥的纱布绷带包扎伤口。如果水泡破裂、烧伤伤口在关节处或伤口面积较大，应覆盖伤口马上将伤者送往医院，尽早请专业医生治疗。

比如，骨折及挫伤扭伤的急救。骨折急救处理目的，在于用简单而有效的方法抢救生命，保护伤肢，将伤者安全迅速地运送医院，以便获得妥善处理。首先要迅速通过简要的重点检查，了解伤情，一切动作要稳妥；用小毛巾包几块冰冷敷10分钟，然后绑上绷带，将伤处抬高，让血流减缓，这样可以减轻青肿和瘀血的程度；创口包扎妥善固定，固定可避免骨折端在搬运时移动而更多地损伤软组织、血管、神经或内脏，有条件的可给重伤者服用止痛药，之后立即送往医院。

比如，中暑的急救。对先兆中暑者应立即协助其离开高温环境，到阴凉安静的地方，补充清凉含盐饮料；对重症者用冷水、冰水或酒精不断擦浴，同时用风扇吹风或在头部、腋下和腹股沟处放置冰袋等物理降温至38.5度左右；对危重病人应及时送往医院。

安全急救技能是生命教育的硬技能，不是为了用到，而是为了预防，在生活中应避免用到，真正的技能是不让危险发生。亲爱的朋友，你学会了吗？

愉悦身心，管理健康

早在40多年前，世界卫生组织就已对健康的含义做了科学的界定："健康不仅是没有躯体的残缺和疾病，还要有完整的生理、心理状态以及社会适应能力"。这就是说，健康必须具备三个重要条件：一是无身体疾病，二是无心理疾病，三是具有社会适应能力。

许多人知道自己该为自己的健康做些什么。谁不知道吸烟、过量饮酒、滥用药物、饮食无规律以及缺乏锻炼会影响我们的健康呢？可总有那么一些人，不愿为自己的健康做出一些改变，放弃那些不健康的生活方式，他们永远也学不会牺牲短期的享乐行为来换取自己长远的利益。

亲爱的朋友，你是这样的人吗？

今天这一谈，我想和你强调，休息和睡眠、锻炼身体、饮食和营养以及精神状态，都是影响健康的重要因素。

充足的睡眠、休息对你的整体健康非常重要。睡眠不足会使你更容易情绪烦躁，并且还可能出现下面的情况：忧郁、持续性劳累、困乏、精力无法集中、记忆力下降、在上课或学习中入睡。如果你的睡眠有问题，你可以试试下面的建议：建立固定的睡眠习惯，包括每天几点睡觉以及几点起床，虽然白天打个盹儿也会令人精神有所恢复，但最好避免在白天打盹儿时间过长。舒展自己的身体，使用一些放松的方法，如深度肌肉放松、深呼吸和意念放松等，或者在睡觉前试着至少冥想15分钟。消除脑中所有的念头和忧虑，不带着愤怒或憎恨感入睡，告诉自己，你应该先好好睡一觉，醒来再考虑那些解决问题的方法。临睡前不要饮食过饱。和自己对话，放松并且告诉自己："今夜，我会睡个好

觉。"你要记住的是，睡眠的质量要比时间的长短更重要，正常睡眠的时间是因人而异的。睡眠不足是一个问题，睡眠过量同样是一个问题。嗜睡会使人精神萎靡。

锻炼身体是降低压力的负面影响的一种积极方式，它能改善你的生命机能并能提高你的生活质量。对你来说，锻炼身体还有下列好处：促进骨骼的增长，增强呼吸能力，提高学习效率，改善睡眠，降低生病的概率，增加肌肉力量和耐力，提高身体的协调性，获得心理愉悦的感受。千万不要拒绝体育课和课间操，还可以通过室外走、跑、跳等活动以及运动量较大的游戏活动来增强体能。在进行室外锻炼的时候，要选择没有汽车、摩托车的空旷而安全的场地。

健康的饮食能够确保你生命生存所必需的营养。许多营养学家都建议人们应当使自己的饮食变得多样化，在每日的饮食中对不同的食品进行搭配组合。这些食品包括水果、蔬菜、谷类制品、肉类及奶制品。要注意的是，你需要养成一种好的饮食习惯来促进自己生理和心理的健康：进餐时不要讲话，如果要讲就讲些开心的事；要细嚼慢咽，仔细品味所吃的食物；不要在吃东西时做其他事情，比如写作业、看书等；吃完食物，安静地休息一下。

亲爱的朋友，为促进你的身心全面健康发展，充实你的灵魂和锻炼身体同样重要。

生活、学习中的一些小事往往会引起情绪上的变化。上午还是兴高采烈，也许下午就垂头丧气，情绪涨落都是很正常的情况。有积极心态的人在情绪低落时能很好地控制自己，不让低落的情绪左右自己的心情，也就是说总能及时调整好自己的心态，很好地处理身边的人际交往与事务。改变信念是消灭不良情绪的好方法，但是如果信念没有办法一下子改变，我们就需要运用其他方法来控制情绪了。

著名作家冯骥才去美国访问期间，专程去拜访一位美国友人。来到他家，冯骥才发现一个很奇怪的现象：在这位友人的妆台上，放着一块红色的砖。冯骥才心想：这块砖说是装饰物吧，又不好看；说是古董吧，它又是新的。正在冯骥才捉摸不透时，那位美国友人谈起他们市长竞选时许下许多空洞的诺言，越说越气，抓起那块砖就用力向墙上的大玻璃镜扔去，冯骥才一见，吓得赶紧躲避。但那块砖撞到玻璃镜后，却又没发生什么事，而是被反弹到地上，跳了几下后就停止了。玻璃镜竟然完好无损。冯骥才好奇地过去，拾起那砖一看，却发现原来是一块海绵做成了砖的样子。这种"砖"在美国被称为"成人玩具"，帮助成人发泄愤怒，又不会造成伤害。

亲爱的朋友，也许你无法找到这样的一块"砖"，但我在这里可以教你几招同样管用的好办法。

首先，可以用一种健康、有建设性的方式表达、宣泄情绪。比如写日记，到户外或无人的地方大叫一场，去跑步、跳舞或打球，洗一个热水澡，看漫画或喜剧，大笑一场，大哭一场，找朋友倾诉……

其次，可以用理智抑制愤怒情绪。曾担任美国总统的托马斯·杰斐逊，在临终时曾给他的孙子蒙蒂西洛留下遗言，提出日常生活十诫，其中之一就是，"当你气恼时，先数到10，然后再说话，假如怒火中烧，那就数到100"。

再次，学一些自我调节的放松术。心情不佳时，可以通过自我催眠、自我按摩或循序渐进、自上而下放松全身使自己进入放松状态，然后面带微笑，想象曾经历过的愉快情境，从而消除不良情绪。

人总有意志消沉的时候，不单是青少年，成年人也是如此。总而言之，我们要在意志消沉的时候学会自我调适。

相信"人"是自己的资源：我们拥有解决自身问题所需的能力。

运用正向激励理念思考问题：强调正向力量，强调别人和自我的成功经验，强调人的可能性。

寻找例外的经验：无论多困难的状况，任何人都不会无时无刻处于问题之中，总有事情发展变化的时候，问题总会出现转机。

肯定"小改变"的价值：相信小的改变会带来大的改变，由小处着手，看到解决问题的希望。

总之，你应当达到的心理健康标准是：乐于并善于学习，悦纳并尊重自己，保持快乐心情，乐于并善于交往，性格健全、行为正常，能适应社会。

而要悦纳自己，懂得闲暇生活同样重要。

闲暇是指人们扣除谋生活动的时间、睡眠时间、个人和家庭事务活动的时间之外剩余的时间。换句话说，闲暇是指个人不受其他条件限制，完全根据自己的意愿去利用或消磨的时间。柏拉图曾将它理解为四层含义，即"空闲"，"从活动中获得自由"，"一种自我控制的自由状态"，"休闲状态"。

　　拥有了闲暇时间，如何开展闲暇活动呢？也许你会选择随心所欲，"我的地盘我做主"；也许你会选择随波逐流，"要酷到底"；也许你会选择随遇而安，"乱花渐欲迷人眼"。闲暇的本质是自由的，但自由并不意味着放纵、无约束或无视一个人在闲暇中对自己、对他人和对社会应负的责任。你应该想一想你的自然生命、社会生命和精神生命是否在这些闲暇活动中得到可持续的发展，是不是应该重新认识闲暇的重要意义。

　　首先，闲暇保护着人的身体与心智健康。研究人员发现：当休闲活动不足时，身体与心智的健康会退化；而当个体有足够的闲暇时间参与休闲活动时，就能维持身体与心智的健康；当个体有时间参与丰富的休闲活动时，身体与心智的健康会因此提升。

　　其次，闲暇的质量决定着人的生活质量和成长速度。哈佛有一个著名的理论：人的差别在于闲暇时间，而一个人的命运决定于晚上8点到10点之间。每晚抽出两个小时的时间用来阅读、进修、思考或参加有意义的演讲、讨论，你会发现，你的人生正在发生改变，坚持数年之后，成功会向你招手。

　　那么，怎样充分利用闲暇时间呢？亲爱的朋友，在我看来，可以从"发展兴趣、走进阅读、健康娱乐"这三方面着手展开。

　　第一，发展兴趣——"兴趣是最好的老师"。古人云："知之者不如好之者，好之者不如乐之者。"有人研究过，如果一个人对工作有兴趣，工作的积极性就高，就能发挥出他全部才能的80%~90%，否则只能发挥20%~30%。达尔文在《自传》中曾说："就我记得的我在学校时期的性格来说，其中对我后来发生影响的，就是我有强烈而多样的趣味，沉溺于自己感兴趣的事物，喜欢了解任何复杂的问题和事物。"达尔文青年时代的兴趣对他创立生物进化论起了重要的作用。兴趣和爱好可以形成一股强大的力量，推动着人们在自己的工作领域里辛勤耕耘，取得辉煌的成绩。

第二，走进阅读——"一个真正的人应当在灵魂深处有一份精神宝藏，这就是他通宵达旦地读过一二百本书"。翻开书，走进五彩缤纷的文字森林，我们总能在油墨的芳香中感悟并思考些什么。一个爱读书的人，他必定不缺少一个忠实的朋友，一个良好的老师，一个可爱的伴侣，一个温情的安慰者。英国两任首相，政治家、画家、演说家、作家及记者，1953年诺贝尔文学奖得主——温斯顿·丘吉尔在《阅读，一种业余爱好》中说："最常见的消遣方式是读书，千千万万的人都能从丰富多彩的阅读活动中找到精神慰藉。图书馆是最能使人变得可亲可敬的地方。"

第二，健康娱乐——"人生最好有一种正当的娱乐，即使没有财富，也能拥有快乐"。娱乐是人追求快乐、缓解生存压力的一种天性。一位学生这样写道："农民累了，坐在陌上来一锅子旱烟；渔民累了，跳到水里舒舒服服地畅游一番；工人累了，伴随着机器发出的旋律来一段自编的舞蹈；士兵累了，席地而坐，任一首首充满力量的歌声流淌向远方。我们累了，可以在暑假里放松一下，乒乓球、篮球、音乐、电脑、散步、会友……内容永远

是丰富多彩的。"

　　罗素说："能否聪明地用闲是对文明的最终考验。"余光中也说："天下的一切都是忙出来的，唯独文化是闲出来的。"可见，懂得休闲是一种人生智慧。

　　亲爱的朋友，在我看来，一天之中有两个时刻最重要，一个是早上一觉醒来之时，另一个是晚上入睡之前。这两者如同一对"括弧"，"括弧"中间是你醒着的其他时间。如果你在这两个时刻是积极、愉悦的，那么一天之内，你将会享受积极、愉悦的生活。

　　著名作家梭罗每天早晨做的第一件事，是告诉自己一个好消息。然后他会对自己说，"我能活在世间，是多么幸运的事。如果

没有出生在世，我就无法听到踩在脚底的雪发出的吱吱声，也无法闻到木材燃烧的香味，更不可能看见人们眼中爱的光芒。"于是，他每一天都满怀对生命的感激之情。

思想家爱默生经常以愉快的方式来结束一天。他告诫自己："时光一去不返。每天都应尽力做完该做的事。疏忽和荒唐事在所难免，尽快忘掉它们。明天将是新的一天，应当重新开始一切，振作精神，不要使过去的错误成为未来的包袱。"他十分清楚，以悔恨来结束一天，实在是不明智之举。他就像一个关门人，在一天结束时，把门关上，将一切忘记。

但是朋友，我以为仅此还不够，在一对"括弧"中间，你要拥有一段孤独宁静的时光。

有一本书，名字叫《心灵的自救：重获内心安宁与自由的生活法则》。它的作者是一位在美国家喻户晓的牧师，同时也是教授的乔舒亚·列勃曼。

列勃曼教授在书的开篇讲了这样一个故事：年轻的时候，他列出了自己认为生命中最美好的事物：健康、爱情、美貌、才华、权力、财富、名望……然而，一位年长的智者看后对他说，"亲爱的朋友，你漏掉了最为关键的一点。如果缺少这一点，拥有其中的任何东西都会变成可怕的痛苦，这就是：心灵的宁静。"

是的，在世间各种生命力中，唯有宁静最具有影响力。阳光静静地普照大地，人们的耳朵听不见它任何声响，但是阳光给生命世界带来的生机无可取代。地球的吸引力也是沉默无声的，它没有机器的轰鸣声和铁链的铿锵声，更没有引擎轰隆的噪音，然而它操纵着月亮按照一定轨道运行永不停息。夜晚，露水悄然而降，润泽每一株小草、树叶和花瓣，使它们焕然一新。电的本源也不是震耳的雷响，而是无声的闪电。大自然的奥秘隐含在安静之中，巨大的力量常常无声无息地进行。自然界的奇迹都是在静谧中酝酿，宇宙的巨轮无声地运转着……

平静是成熟，冷静是沉着，文静是优雅，恬静是舒适。而宁静，则是生活中真善美的绝佳体现。宁静不仅是一种环境气氛，而且还是一种理念，一种哲学，一种辨别社会行为的坐标，一种人生选择的向导。

在追求宁静的过程中，亲爱的朋友，我希望你记住作家余秋雨的三句话：一是漠视争逐，二是忍受难堪，三是体谅对方。

漠视争逐就是漠视名利。这里不是说一味地排斥名利，而是说要注重人生高远的追求，注重自然归向。

忍受难堪就是忍受冷落，忍受敌对。当别人冷落你的时候，世界是不会冷落你的；生命的失控，最严重的是失控在与他人的敌对情绪里。

体谅对方就是体谅对方的言行举止特别是心态，做一些换位的思考。人难免有时候会缺乏理智，出现过错，但是不管怎样，还是应当去爱他。

曾任北京大学校长的马寅初先生活到了100岁。据说他有一个健身的秘诀，就是不论寒暑，坚持用冷热水更替洗浴。20世纪50年代他的著名的"新人口论"受到严厉批判，他也因此被撤销了职务。他的儿子把这个坏消息告诉他时，他听了只"唔"了一声，没再说第二句话。几十年过去了，他的冤案彻底平反，并获得了比过去更大的荣誉，当时他已近百岁高龄，也已高龄的儿子把这个好消息告诉他时，他听了之后仍然是"唔"了一声，不再说什么。

亲爱的朋友，这个故事要是真实的话，那么，我想告诉你，马老的这声"唔"，"唔"出的正是高贵，正是操守，正是人生的宁静。这恐怕也是他得以高寿的最重要的秘诀！

习惯养成，讲求文明

世界卫生组织对影响健康的因素进行过如下总结：

健康=60%的生活方式+15%的遗传因素+10%的社会因素+8%的医疗因素+7%的气候因素。

由此可见，生活方式对人的健康起到了很大的作用。甚至可以说，良好的生活习惯和生活方式是决定我们健康的第一要素。

七步洗手法因这次疫情再一次被普及到千家万户。

七步洗手法是医务人员进行操作前的洗手方法，用七步洗手法清洁自己的手，清除手部污物和细菌，能够预防接触感染，减少传染病的传播。

随着新型冠状病毒肺炎疫情的发展，我们的个人卫生越来越受到重视。手与外界接触最为广泛，传播急性传染性疾病的机会也就多。因此，专家提倡我们要像医务人员一样，用七步洗手法清洁自己的手，以减少传染病的传播。

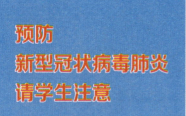

勤洗手、七步洗手，这就是一个良好的生活习惯。除此之外，良好的生活习惯还有很多。昨日谈中也谈到了一些。与之对应，世界卫生组织还提出了18条不健康的生活方式和卫生习惯。亲爱的朋友，你对照一下，看看自己有没有不良生活习惯：

1. 起床先叠被；2. 不吃早餐；3. 饭后松裤带；4. 饭后即睡；5. 饱食；6. 空腹吃糖；7. 吃太咸的食物；8. 留胡子；9. 跷二郎腿；10. 眯眼看东西、揉擦眼睛；11. 强忍小便；12. 伏案午睡；13. 俯睡；14. 睡前不洗脸；15. 睡前不刷牙；16. 睡懒觉；17. 热水沐浴时间过长；18. 赌博。

除生活习惯之外，还有一个更重要的习惯是文明习惯。

北京积水潭医院院长田伟院士疫情期间在网上分享了自己早年在日本的见闻。他说：

　　1989年我去日本留学，当时我对日本人有一个现象很不理解。就是动不动就戴上口罩，便利店里也卖各种口罩。

　　一次，我终于忍不住问一个戴口罩的日本同事，我说你干吗要戴口罩啊？他很意外我会问这个问题，看着我愣了一会儿。

　　我以为他不乐意回答，连忙道歉，说自己也许问了不该问的隐私问题。而他似乎也忽然明白了，我一个外国人也许没有日本的常识，连忙不好意思地道歉：对不起，对不起（这是日本民族的一个习惯，遇到事儿，总是先自省自己的错误，哪怕没错误，比如走路被踩到脚，往往是第一时间双方都说对不起，之后才是被踩的一方说没关系），他说："我好像忽略了你是外国人。我的原因很简单，我今天感冒了啊，就要赶紧戴上口罩。"

　　我有些意外："我们国家感冒的人也很多，从没见人戴口罩啊？好像也没什么事儿吧！"这回他有些恼怒了："田君！你怎么能这么说啊，得了感冒就有可能传染给别人，这是多么不礼貌的行为啊，必须要戴口罩，咳嗽还要尽量小声一点，见到别人说话时，也要先声明一下自己感冒了，让别人有个防备。"

　　"哦，那好吧。"我有些不以为然地回答。

　　他见我好像还不太理解，就补充说："你不知道流感很危险吗？会死人啊！""啊？会这么严重吗？每年都有很多人得流感，也没见谁死啊？""咳，那是你没统计过，每年都有很多老年人和重病体弱的人得了流感失去生命。"我这才知道原来如此，但还是觉得可能日本人生活太好了吧，就扛不住流感。

随后的日子，我特别注意观察日本人，还真是谁感冒了就赶紧买个口罩戴上，我还发现，他们除了感冒，在春天，也有很多人都戴起了口罩。是因为花粉症，戴上口罩既防止吸入花粉也避免自己过敏打喷嚏对别人不礼貌。

（节选自田伟《关于戴口罩的另外一个角度的思考》）

从田伟院长的这个分享中，我想摘几个句子出来和大家一起品味：

"我的原因很简单，我今天感冒了啊，就要赶紧戴上口罩。"

"得了感冒就有可能传染给别人，这是多么不礼貌的行为啊，必须要戴口罩，咳嗽还要尽量小声一点，见到别人说话时，也要先声明一下自己感冒了，让别人有个防备。"

现在我们可以来叩问一下自己的内心：在你戴口罩的经历中，有多少次是因为自己得了流感等疾病怕传染给大家而主动戴口罩？又有多少次是因为雾霾或者怕被别人传染才不得已戴上口罩？简言之，有多少次是为了别人而戴，又有多少次是为了自己而戴？这其实是一个已经由生活习惯上升到文明习惯的问题。

田院长说，这次新型冠状病毒肺炎在武汉传播开，他就想起了当年在日本的场景，不禁反思：如果那些早期有症状的人都早早戴上口罩，感染者就会大大减少。所以，他认为从现在起，我们要痛定思痛，要有一颗为别人着想的善良之心，所有人应该养成为他人着想的习惯和思维方式，甚至可以通过制定法律法规，要求凡是感冒的人必须自己戴上口罩。

由此，我想起"走路"这件事来。

我在老家苏州工作的时候，一度坚持绿色出行，乘地铁上班。有一天下班回家，我在地铁车厢内见到两个刚放学的初中生，手抓葱油大饼，在那里吃得津津有味。葱油的味道，很快弥漫了整节车厢。站得离两个学生较近的一位男士，十分友好而又严肃地指出："小朋友，地铁上最好不要吃东西，回家再吃。"两个初中生翻了翻白眼，照吃不误。

地铁上不吃东西，应是惯例，应是规矩。一来，是安全问题；二来，是健康问题；三来，是文明问题。这个道理其实很简单，可是我们的孩子为什么不懂？或许是懂了，却不把它当回事？我们的学校、我们的家庭，包括我们的社会，在对孩子的教养问题上，有没有缺失？

第二天，我去南京讲课，去时乘坐高铁。高铁上，我的外侧坐的是一位上了年纪的法国女士。在一个多小时的旅程中，这位女士一直都在安静地看一本法文小说，仿佛车厢里此起彼伏的电话铃声、喧闹声与她无关。车到南京南站，她把书小心翼翼地收好，挎上包，站起身来。我也自然站起，准备下车。没想到的是，女士站在过道往后退了一步，微笑着向我做了个"请"的手势，让我先行。我心生感慨：人家讲文明，不给别人添麻烦，她一定是怕拿架上的行李妨碍别人所以让我先行。我向她微笑道谢之后，走上过道。出乎我意料的是，这位女士根本没有什么行李要拿，她在我起步之后，亦起步，款款而行，显示出一种令人肃然的优雅。

是的，"礼让"二字谁都懂，但在实际生活中，我们却常常忘了用行动来诠释。法国女士给我上了生动的一课。为什么我没有伸出手来，像她那样做一个"请"的姿势？

在南京讲课的过程中，我临时起意，问了台下几百位老师这样一个问题：作为一名为人师者，我们教过学生怎样"走路"吗？比如，来了一位贵宾，如何引导他参观校园？去外地会你的老朋友，坐在他座驾的哪一个位置合适？电梯里常见的那面镜子，设计者的本意我们知道吗？对抢过马路、"车窗垃圾"、"路怒"一族，我们如何看待？如果遇见倒地的受伤者，应该如何处置？

我突然发现，这才是教育要面对的根本问题，才是"教育即生活"的最好说明。衣、食、住、行，既与知识有关，也与能力有关，更与情感态度、价值观有关。培养什么样的人、怎样培养人，不是应该从一个人的日常行为开始吗？就拿"走路"来说，它涉及人的安全、健康、教养、社会交往、价值观、信仰等方方面面。

但是，朋友们，你们会走路吗？就像今天，你们跟着钟南山院士学会了戴口罩，但是真的学会了吗？大"疫"过后，当你们患上普通流感等症状的时候，会不会忘了戴口罩这件事？我们什么时候才能把我们的文明习惯养成"不给别人添麻烦"，甚至"尽量给别人提供方便"这样的层面？

讲完课回苏州的路上，翻看一本杂志，看到这样一则故事：

作家梁晓声一次在国外跟两位老作家一同坐车到郊区。那天刮着风,不时有雨滴飘落。前面有一辆旅行车,车上坐着两个漂亮的外国女孩,不停地从后窗看他们的车。前车车轮卷起的尘土扑向他们的车窗,加上雨滴,车窗被弄得很脏。他们想让司机超车,但路很窄。梁晓声问司机:"能超吗?"司机说:"在这样的路上超车是不礼貌的。"正说着,前面的车停住了,下来一位先生,先对后车的司机说了点什么,然后让自己的车靠边,让他们先过。梁晓声问司机:"他刚才跟你说了些什么?"司机转述了那位先生的话:"一路上,我们的车始终在前面,这不公平!车上还有我的两个女儿,我不能让她们感觉这是理所当然的。"梁晓声说,这句话让他羞愧了好几天。

疫情期间,《人民日报》微信公众号讲过这么一件事。

武汉一家酒店住着两批环卫工人。这群环卫工人因为之前在新型冠状病毒肺炎救治定点医院做保洁员,出来后必须隔离14天。14天隔离期满,环卫工人们退房后,酒店市场销售部经理程渝按程序规定带专业人员到房间进行消毒。可是,令程渝没想到的是,环卫工人们所住的房间一尘不染,干净得完全不像曾有人住过。这让她非常感动。她说,环卫工人们做着城市最脏最累的活,却有着最善良最朴实的心灵。

记者后来联系到其中的一位环卫工人。这位叫朱莲芳的环卫工人说:"我们都是搞环卫的,平时没住过这么好的酒店,心想,千万不能把房间搞得乱七八糟,给别人添麻烦。就连平时吃饭,我都再三跟队员强调,要注意不要弄脏房间。"

　　网友们听了这个故事，纷纷点赞：平凡的人，却做了伟大的事。

　　由此，我想到平时我们常见的"车窗垃圾"，也就是从车里抛出的垃圾。曾有一条关注车窗垃圾的微博引起众多网友热议。微博中称，每天"车窗垃圾"有100多吨，"也许只是一个不经意的坏习惯，却可能酿成悲剧"。随后，有网友在跟帖中说，经常能看到有些司机从车里向外扔东西。某官方微博据此做了调查，调查显示，62.5%的网友表示自己曾扔过"车窗垃圾"，94.7%的网友看见过别人扔"车窗垃圾"。所扔的"车窗垃圾"的种类中，53.8%的网友表示扔过纸团，接下来依次为饮料瓶及包装纸占46.2%，塑料袋占30.8%，烟头占30.8%，其他占15.2%。

　　众所周知，"车窗垃圾"的危害是非常大的。首先是影响行车安全。一位私家车主介绍，一次自己开车经过某路段时，一个黑色塑料袋突然从前面的轿车车窗飞出并挡住她的视线，情急之下，她急打方向盘，差点撞上隔离带。其次是危及环卫工人生命。某市环卫局统计，近几年，环卫工人为清理"车窗垃圾"平均每年遭遇三起交通事故。再次是影响道路排水。环卫工人陈阿姨说，道路上的"车窗垃圾"很容易被卷入路边下水道入口造成堵塞，遇大雨就会积水。此外，"车窗垃圾"还容易形成致病污染源。不少扔出的早餐食品袋不易腐烂，若环卫工人未能发现，袋内的食品残渣就会持续发酵，滋生病菌和昆虫，成为致病的直接污染源。

　　"车窗垃圾"既然有那么多危害，为什么还有许多人在扔呢？答案显而易见：没有养成好的文明习惯。而文明习惯养成不好的背后，如果深挖，恐怕还有社会公德的缺失以及法律意识的淡漠。

网上一项"最缺乏公德的行为"的征集与调查活动，为人们勾画出几种最常见的公德缺失现象：寂静深夜，手机短信惊醒梦中人，打开一看，是"二手车优惠广告"；新手司机初上路，贴上"实习"标签，望车友包涵照顾，哪料屡遭其他车欺压；超市里，竟有人站在"请勿品尝"标牌旁细品慢尝；回到家里，辛苦工作了一天的人想放松一下，岂料装修的敲打声此起彼伏，"你不睡，他不装；你一睡，他就装"……

其实，生活中我们遇到的不文明行为远远不止这些。公共通道、过街天桥常常被小商小贩占满，你必须费力地挤过去；在城市地铁口设有出站口和入站口，为规范地铁站的秩序，会根据需要在出口的底部放着"止步"的牌子，但总有不少出站的人对牌子视而不见，逆行而出；会议室里明明挂着"禁止吸烟"的字样，但就是有一些人吞云吐雾；乘飞机、坐火车，大家在有秩序地排队时，总有几个人想加塞儿……

人们禁不住要问：社会公德为什么缺失？

人是属于自己的，但也是属于社会的，每个人都不可能孤立于社会之外，因此，遵守社会公德就成了人们在社会交往中不可忽视的一项准则。社会公德是什么？社会公德是一个国家、一个民族或者一个群体在长期的社会实践中所积淀下来的道德准则、文化观念和思想传统的集中体现。

说了这么多的例子，亲爱的朋友，希望你见贤思齐，见不贤而内自省，弘扬中华民族十大传统美德。这是中国古代道德文明的精华，是中国这个民族大家庭共存共荣的凝聚剂和内聚力，是中华民族道德人格的精髓和精魂。它包括：1. 仁爱孝悌；2. 谦和好礼；3. 诚信知报；4. 精忠报国；5. 克己奉公；6. 修己慎独；7. 见利思义；8. 勤俭廉政；9. 笃实宽厚；10. 勇毅力行。

除此之外，还希望你做到以下几个方面：

1. 文明礼貌。社会公共生活中人与人之间应该和谐相处，举止文明，以礼相待。自觉杜绝说脏话、随便猜疑、欺骗他人等恶习。这是处世做人的基础。

2. 助人为乐。助人为乐、见义勇为是社会成员在公共生活交往中用以调整相互关系的行为规范之一。在公共生活中，人与人之间应该团结友爱，相互关心，互相帮助。对不法行为，每个公民都应当分清是非，挺身而出，智斗勇斗，加以制止，都有责任和义务自觉维护社会治安。

3. 爱护公物。爱护公共财物是社会公德中极其重要的内容，尤其在公共场合更要注意，要保护国家及公共财产不受侵犯。

4. 保护环境。为了保持社会公共生活的环境整洁、舒适，保障社会成员的身体健康，每个公民都应当讲究公共卫生、保护生活环境，这也是社会公共生活中人们应当遵循的最基本的行为规范。

5. 遵纪守法。法律是对公民行为的必要约束及规范，是对道德的补充。自觉遵守法律法规和各项纪律，是社会对每一个公民最基本的要求。

亲爱的朋友，请记住环卫工人的那句话：不能给别人添麻烦。文明，就从这里开始吧！

身处斗室，心向世界

"想念往往不是刻意的，它出现在很多我们无法控制的瞬间。看电影、听首歌、望着一张相片的时候，或者就是在闭起眼睛的那一刻。想念啊，让日子变长了，让不及的人变近了，让我们最终明白，想念是拥有的另外一种形式。想念，让我们的世界变得更有温度。"

这是中央电视台节目主持人董卿在《朗读者》开场白里说的一段话。这段话，让疫情期间无数人产生了共鸣。

因为疫情，很多人也许有生以来第一次知道并且体会到了什么叫"隔离"；因为疫情，很多人有了一个意料之外漫长并且难熬的假期；因为疫情，很多人开始想念同学，想念老师，想念课堂，想念校园……但我想说的是，身处斗室，正是我们自己和自己对话，认识自己的最好时机。

不知你有没有看过这样一本书——《苏菲的世界》。在这本书的封面上，赫然印着3个醒目的大字——你是谁？

这3个普普通通的字在你的内心有没有发生激烈的碰撞？

是的，古希腊人曾把"能认识自己"看作是人的最高智慧，阿波罗神殿的大门上写的一句箴言便是"人啊，认识你自己"。中国也有一句类似的老话叫作"人贵有自知之明"。可是，我们很少沉下心来想一想：我到底是谁？

是一个混合物？是一个生命体？是一个动物？是一个比其他动物高级的动物？如果高级，高级在哪儿？既然高级，为何又"能飞不能上屋，能缘不能穷木，能浮不能渡谷"？

真正要知道自己是谁，亲爱的朋友，也许你要花上一辈子去寻找答案。著名作家詹姆斯·米彻纳曾写道："人一辈子中所进行的最漫长的旅程就是不断地找到自我。如果在这一点上失败了，那么无论你找到了别的什么，都毫无意义了。"

现在，让我们踏上通往自己内部世界的旅程。

你的需要。美国心理学家马斯洛（Abraham H. Maslow，1908—1970）在1943年出版的《人类动机的理论》（*A Theory of Human Motivation Psychological Review*）一书中提出了需要层次论。

马斯洛提出人的需要的5个层次如下：

1. 生理的需要，是个人生存的基本需要。如吃、喝、住等。

2. 安全的需要，包括心理上与物质上的安全保障，如不被盗窃、不受威胁，有抵抗风险的能力，职业有保障，有社会保险和退休金等。

3. 情感和归属的需要，人是社会的一员，需要友谊和群体的归属感，人际交往需要彼此同情、互助和赞许。

4. 尊重的需要，包括受到别人的尊重和自己具有内在的自尊心。

5. 自我实现的需要，指通过自己的努力，实现自己对生活的期望，从而真正感到生活和工作很有意义。

假如一个人有一天没有了需求和欲望，那就意味着他的生命之光已黯淡，他生命的火焰因缺乏柴薪而行将熄灭。因此，你必须记住，你的需求和欲望就是你永恒的驱动器，就是你的力量源泉。你的驱动器有多大马力，完全取决于你的欲望的强烈程度。你的追求是否强烈，是否执着，你的奋斗是否顽强，是否百折不挠，都取决于你的欲望有多大、有多强烈。

曾经威风八面、雄视欧洲的拿破仑有句名言，"不想当元帅的士兵不是好士兵"。这句话激励了一代又一代不同肤色、不同语言的有志青年。拿破仑本人就是这一名言最好的实践者。他本是个"矮小的科西嘉人"，常受人欺侮，在别人眼里是与将军、元帅无缘的。可他却偏偏渴望着统率千军万马。正是他强烈的愿望加上不屈不挠、艰苦卓绝的奋斗，使他成为人类历史上少有的豪杰和伟大的统帅。

你的情感。维拉德·盖林说，"有一天你的心情好极了，而第二天你的心情却糟透了，天堂的欢乐和地狱的忧伤。导致这些情感的事件和客观理由都是无关紧要的，真正要紧的影响着我们生活的是我们的心情。"

从一天到另一天，我们的心情就是我们生活的全部含义。没有什么比这更重要的了，因为正是美好的情感引领着我们走向快乐、友善和爱，远离伤害。我们的情感里既包含得到爱的喜悦、兴奋与温馨，也包含失去珍爱的亲人的悲伤与绝望。其中的丰富多彩与微妙是语言难以表达的。就连精神分析学家维拉德·盖林也认为情感是深不可测、捉摸不定的东西。这就使得我们难以向别人准确描述和传达我们的心情和感觉。

情感是什么？大笑时的高兴，痛苦时的悲伤，发怒时的气愤，怨恨时的厌恶，悲哀时的消极，等待时的期望，黑暗时的恐惧……你的一生，七情六欲，喜怒哀乐，皆属情感。"情感"这个词来源于拉丁语，原意为"付诸行动"。就像受到饥饿刺激的人会大吃大嚼一样，受到气愤刺激的人会大发雷霆。

情感为刺激所起，有内在的因素，也有外在的因素。内在因素是指生理和心理因素，如腺体分泌，器官功能失常等生理性原因，或记忆、联想、想象等心理活动。外在因素是指生活环境中任何人、事、物的变化因素。如忙碌的街头、拥挤的汽车、喧哗的市场，会使人烦躁不安。和煦的阳光、轻柔的音乐、缤纷的鲜花会给人一种愉悦的感受。临近的考试、限时的工作、无序的生活常使人焦虑不安。

人世间，情感范畴之广，令人难以精准定义，其间又有无数的交差、混合、变化，更是令人难以捉摸。然而，就像五彩缤纷、绚丽多彩的颜色一样，情感也有其基本的分类。根据价值正负变化方向的不同，情感可分为正向情感与负向情感。

负向情感是指对外界的刺激产生愤怒、恐惧、悲伤、厌恶、绝望、焦虑、消极等情绪，不利于正常生活，损害身体健康的心理反应。这些有害情感不论是对你的生理还是心理都会产生一定的危害。这就要求我们学会控制负向情感。

与自己的情感保持沟通并有所控制的一个有效方法，就是记日记。但是这日记不能按传统写法，通篇都是时间、地点、人物和琐事，而应关注原因：回顾每一天或每一周，确定其中最有意义的部分；如果经历了一场剧烈的情感，不论是消极情感还是积极情感，都将这一段经历的背景与效果描述出来；假如你对某个人或某个事态很担忧，那就详细记下你担忧的内容；当你阅读自己的日记时，仔细寻找并分析你忧虑的潜在原因。

你的价值观。我们每个人都有一个评价人和事物的标准，那便是我们的价值观。它为我们分析判断这个纷繁复杂的世界提供了一个指南。我们将价值观应用到我们的人生实践中，它便赋予了我们的人生以某种意义，并形成我们人生的基本构架。比如说，如果你非常珍视诚实和忠诚，你就会尽量使诚实与忠诚成为你生活的一部分。一旦有人向你撒了谎或出卖了你的秘密，你就会觉得没有什么是比这更令人气愤的了。

然而，在人们口头上说出的价值观与他们的行为所折射出来的价值观之间，往往有着巨大的差别。这就是为什么我们必须弄清楚我们自己的价值观，并确保我们的行为与我们的价值观保持一致。要弄清你的价值观，可遵循下面4个步骤：仔细掂量每一项选择的后果；在所有选项中按自己的真实意愿选择；向别人公开你的价值观；将你的价值观体现于行动。

你的目标追求。飞行员如果没有航行图，没有明确的航行标志，那可怕的后果可能是机毁人亡。一个人如果没有人生目标，就会迷失自己，永远找不到人生的归宿。这样的人一生的行为就无异于无目的的漫游，成了一个心灵的流浪汉。

我们评价自己时，不仅仅是看我们现在是谁，还应看我们将来可能成为谁。有时我们的想法也许超出了我们的能力，但这并不要紧，因为这样在延伸我们的梦想时，会最大限度地激发我们的潜能。

日本杰出企业家土光敏夫说得好："计划是'走向未来的意志'。所以，计划目标应该具有这样的性质，从现状看，要实现它是有困难的，甚至是不可能的。"如果你的目标不用发挥你的潜能就可实现，那就根本不能称之为目标了。虽然我们"对自己的能力与机遇自然应当抱现实态度"，但是，假如你在一个业余球队里是一名出色的球员，难道你就不想成为一名出色的职业球员吗？如果你能有计划有步骤地成为职业球队的教练，那不是对你的生活更有现实意义吗？

别低估你的潜能，但对自己要诚实。考察一下你生活的那个小世界，看看你最感兴趣的领域有些什么机会。今后你需要一个怎样的学位？你能否得到必要的经济支持？你能放弃娱乐专心学习吗？你和你的家人想法一致行动一致吗？列出一个按部就班的计划来实现你的目标。要记住：跨出迈向目标的第一步是最重要的。

你的权利义务。这里先说3个概念：公民、公民权利、公民义务。

公民是指具有某一国国籍，并根据该国法律规定享有权利并承担义务的人。它与人民的概念不同。人民是政治概念，而公民是法律概念。目前世界各国对公民的界定标准采用出生地主义、血统主义或两者结合的原则，具有本国国籍即成为本国公民，享受公民待遇。但若要全面行使公民权，一般都须达到一定的年龄。我国宪法规定公民须年满18周岁，才能行使选举权和被选举权。公民的权利和义务一般都由本国宪法来规定。

公民权利是指国家通过宪法和法律所保障的，公民实现某种愿望或获得某种利益的可能性。享有法定权利的公民，一方面，有权自己做出一定的行为；另一方面，有权要求他人做出一定的行为或者不做一定的行为帮助其实现权利。

公民义务是指宪法和法律规定的公民必须履行的某种责任。它表现为国家要求公民必须做出某种行为或禁止公民做出某种行为。如果公民不履行这种责任，国家就要强制其履行，情节严重的还要受到法律的制裁。

在这3个概念中，我想说说你的权利，因为，权利的争取也是一种义务。

人最宝贵的是生命，与生命联系在一起的是其公民自由权和财产权。所以英国革命的大思想家洛克把生命、自由、财产当作天经地义的自然法的律令，认为一切政治行动和政策都不能脱离之。这些基本准则已经写进了《联合国宪章》和《保护人权与基本自由公约》，写进了各国的宪法。

作为一个人，他天然地享有的神圣而不可侵犯的基本权利：生命权、财产权和自由地追求幸福生活的权利。

生命权是与生俱来的最神圣的天赋权利，它是生命得以存在的载体和标志，它是一个人所拥有的一切权利的源泉。生命权不受任意的侮辱、损害、践踏和剥夺。非经正当法律程序，生命权不受任何限制。

财产权是实现包括生命权在内的其他一切权利的主要工具。财产权意味着人们有权采取经济行动以获得、利用和处置财产，它是人类谋求生存、发展，建立和拥有家园的权利，是生命权的延伸，是人类自由与尊严的保障。

自由地追求幸福生活的权利是由生命权所延伸出来的一系列

自由权的总称。人类生命的独特性在于每个人都是肉体与精神的双重存在，每个人都应当享有除法律禁止以外能自由自在、不受任何约束地去追求自己认为能实现幸福人生的自由才行。这些自由包括思想、言论、结社、迁徙、工作、信仰等的权利。只有当人们的这些权利获得了切实的保障，人们才能在生活中追求到幸福，生命权才会得到捍卫和促进。

因此，生命权、财产权与自由权一起构成了人类生活中最基本的3项人权。

这里特别要提到的是，自由是安享人权的前提条件，是人权中最重要的权利。只有当每个具体的个人享有自由以后，包括生存权在内的各种具体的人权才会得到保障，才会得到不断的改善和促进，人才会活得有尊严。只有生活在这种状态下才是真正意义上的人。

人和其他动物的区别在于：人是地球上最高贵的动物，人直立行走，昂首挺胸，主动适应自然，其他动物则是四足爬行，被动适应自然；人渴望自由地发展和创造，渴望在公共领域表现自己的能力，渴望在社会生活中立德、立功、立言，表现为了克服他短暂生命的缺憾，而立意要在自己有限的生命历程中去创造某种永恒的价值、去建立某种永恒的共同世界的决心和作为。而这一切，都只有在自由的状态下才能实现。因此，自由是人权中最重要的权利。

那么什么是自由？凡是法律没有禁止的，人们都可以随心所欲地去做，不受任何限制，这就是自由。

当然，疫情严重之时的我们，虽身在隔离，也不是独自一人，没了世界。隔离的是病毒，阻断的是疫情。在社会中，每个人都不可能独立存在；每个家庭也都不是一座孤岛。我们仍和世界有着关联。

英国17世纪玄学派诗人约翰·堂恩曾有这样的诗歌片段："谁都不是一座岛屿，自成一体；每个人都是那广袤大陆的一部分。"这句诗后来还被美国作家海明威引用了，印在他的作品《丧钟为谁而鸣》的扉页上。

现在，请你踏上通往你外部世界的旅程。

首先，重新感受一下你的家庭。家是什么？家是倦游者的情感归宿。谁最渴望家？经受了挫折和磨难的人最需要家的温馨。只要有家，即使在人生中遇到大风大浪，人们也能从精神的起点到达理想的终点。亲爱的朋友，趁着居家隔离的时光，品味一下家的味道，品味一下厨房里妈妈忙碌的身影，品味一下饭桌上爸爸叮嘱的话语，品味一下爷爷奶奶花白的头发，品味一下外公外婆纵横的皱纹，你或许会品味到，家是生命的驿站，也是避风的港湾；家是一份关怀，更是一份责任。

其次，重新思考一下你的学校。如果说，家庭是人生的港湾，那么，学校算不算你人生的风帆？在这特殊的时期，学校把课堂搬到"空中"，把教室设在网上，你能一如既往地投入学习吗？由此联想，如果离开了学校、没有了学校，你还能成为一名自主学习者、终身学习者吗？学习是一件苦差事，大多数人都有这样的体会。但也有人把苦事变成了乐事，那是因为他找到了学习的意义。正如尼采所说："懂得'为何'而活的人，差不多'任何'痛苦都忍受得住。"

再次，重新审视一下你的国家。有这样一种说法：世界上凡是有华人生活的地方，人们都熟悉《我的中国心》这首歌。为什么这首歌能打动亿万人民的心？因为长江长城、黄山黄河，它们连着我们的血脉；也因为中华儿女，无论走到哪里都不会忘记自己的祖国。集中力量办大事，这是我们国家制度和国家治理体系的显著优势。在疫情防控阻击战中，这些制度优势正在发挥出空前效应、凝聚起强大的合力，成为我们万众一心、众志成城打赢疫情防控阻击战的信心之源。我们的国家也许还不是那么完美，但是，可以通过我们的努力，使她变得更好，不是吗？

最后，重新打量一下你的世界。在疫情面前，全人类都是

"当事人"。在全球共同抗击新型冠状病毒肺炎疫情的战役中，世界各国携手同行，守望相助，共克时艰。各国科研机构和科学家也结成联盟，与病毒赛跑，争分夺秒研发有效的疫苗，以挽救更多患者。各国民众除了为疫区和患者提供各种物质帮助之外，还以横幅、信函、视频等为载体，表达对中国人民的支持。国际社会对中国提供的支持，中国人民不仅铭记在心，更"投我以木桃，报之以琼瑶"。在继续做好本国疫情防控的同时，尽己所能向其他国家提供必要的支持和援助。分别向巴基斯坦、老挝、泰国、伊朗、韩国、日本等国和非盟提供了医疗防护物资援助，还向世界卫生组织提供了2000万美元捐款，并通过向伊朗、伊拉克、意大利等国派遣医疗专家组及同有关国家和国际组织举行视频会议等方式，对外分享中方诊疗和防控经验，为全球早日战胜疫情贡献了中国力量。这是人类命运共同体理念的生动体现和最好诠释。

温暖的力量虽然打动人心，但我们需要以世界眼光来反思：为什么我们生活的地球家园危险越来越多了？2019年9月开始，澳大利亚一场持续了数月的森林大火使数以亿计的动物丧生，被林火烧毁的森林面积，超过10万平方千米。2019年9月进入流感季节以来，美国的流感现已使3900万人感染，40万人住院治疗，2.4万人死亡。近25年来最严重的蝗灾正在东非等地蔓延，约4000亿只蝗虫肆虐，对一些国家的粮食安全构成了前所未有的威胁。印度尼西亚洪灾导致首都雅加达和周边城镇约17万人无家可归。还有，加勒比海地区地震，巴西罕见暴雨泥石流，菲律宾火山爆发，克什米尔雪崩，西班牙风暴……

我们能做什么，我们该做什么，值得思量。

直面人性，审视自我

　　亲爱的朋友，曾获第70届奥斯卡金像奖最佳影片的著名电影《泰坦尼克号》想必你一定看过。与其说，这是一部爱情片，我更愿意说它是反映人性的一部影片。在灾难面前，人性得以暴露和展现。

　　如果说，这只是文艺作品，带有虚构成分，那么，我们来听听历史上的"泰坦尼克号"幸存者是怎么说的。

　　面对沉船灾难，船长命令先让妇女和儿童上救生艇，许多乘客显得十分平静，一些人则拒绝与家人分开。二副高喊："女人和孩子们过来！"然而他根本找不到几个愿意撇下亲人而独自踏上救生艇的女人或孩子。

　　当时世界第一首富——亚斯特四世把怀着5个月身孕的妻子送上4号救生艇后，站在甲板上，带着他的狗，点燃一根雪茄，对划向远处的小艇最后呼喊："我爱你们！"大副曾命令他上船，被他愤怒地拒绝："我喜欢最初的说法（保护弱者）！"然后，把唯一的位置让给三等舱的一个爱尔兰妇女。

史密斯夫人的两个孩子当时被抱上了救生艇，由于超载她坐不上去了，一位已经坐上救生艇的女士起身离座，把她一把推上救生艇对她喊了一声："上去吧，孩子不能没有母亲！"这位伟大的女性最终没有留下名字。

"泰坦尼克号"上的50多名高级职员，除指挥救生的二副查尔斯·莱特勒幸存，其他人全部战死在自己的岗位上。凌晨两点，一号电报员约翰·菲利普接到船长的弃船命令："各自逃生！"但他仍坐在发报机房，保持着不停拍发"SOS"的动作，直至最后一刻。

也有不多见的例外：日本铁道院的一名副参事男扮女装，爬上了满载妇女和儿童的10号救生船逃生。但他回到日本后被立即解职，受到所有日本报纸舆论指名道姓的公开指责，他本人则在忏悔与耻辱里度过了10年后死去。

"保护弱者""让妇女儿童先走"，成为"泰坦尼克号"的"逃生规则"。《麦田守望者》中斯宾塞先生对霍尔顿说："人生就是一场球赛，我们要遵守每一项这样或那样的规则。"

是的，我们生存在这个社会，参加这样的"球赛"，就只有遵守"规则"。纳撒尼尔·霍桑写道："在看似伤乱的世界中，我们每个人被规范地放在某一个位置，一旦脱离了这个位置，我们将被这个世界永远地遗弃。"

规则和秩序是社会公共生活中的基本准则。没有了它，任何社会活动都无法展开。规则秩序有两种不同形式，其一没有明文规定，只是一些约定俗成、共同认可和遵守的行为规范，是人们在长期的公共生活中形成的道德经验与行为习惯。如乘车、购物要排队，在影院、图书馆不大声喧哗，在公园不折花，不向水面抛掷脏东西，迟到时进入会场要放轻脚步……其二有明文规定，就是社会公共生活中的公约、规则、规章、纪律等。如交通规则、考试纪律、乡规民约、公园游人须知、商店服务公约、学校学生守则等，它通常带有一定的强制性，有的甚至与法律法规相衔接。

规则、秩序是维系社会生产、生活，使社会运行规则有序的不可或缺的前提和基本条件。规则、秩序对全体社会成员具有约束力。是否遵守规则、秩序，鲜明地表现出个体对自我与社会关系的态度，也是一望即知的文明尺度。规则、秩序是人们安居乐业的保障，是社会文明的标志，是社会稳定和进步的基础。

1993年8月28日至9月4日，在美国芝加哥召开了一次由来自几乎每一种宗教的6500人参加的世界宗教议会大会，提出并通过了一份《全球伦理宣言》。这份宣言认为：在各种宗教之间已经有一种共同之处，它可以成为一种全球伦理的基础，即一种关于有约束力的价值观、不可或缺的标准以及根本的道德态度的最低限度的基本共识。

这份宣言的签署者们承认：不同的宗教和伦理传统对于何为有益，何为无益，何为对，何为错，何为善，何为恶，常常提出彼此十分不同的根据。他们并不想掩盖或忽视各种不同宗教之间的严重分歧，然而，他们认为这些分歧不应当阻碍人们公开宣布这样一种共识，这些共识是人们已经共同拥有并共同肯定的，虽然其中每一种共识都以各自的宗教或伦理根据为基础。所以，这份宣言特别强调：在此所说的"全球伦理"，并不是指一种全球的意识形态，也不是指超越一切现存宗教的一种单一的统一的宗教，更不是指用一种宗教来支配所有别的宗教，而只是指对一些最基本的价值、标准和态度的共识。

具体来说，他们认为，数千年以来，人类的许多宗教和伦理传统都具有并一直维系着这样一条原则："己所不欲，勿施于人。"或者换种说法就是："你希望人怎样待你，你也要怎样待人。"这意味着应该抛弃一切形式的自我中心主义，抛弃一切形式的自私自利，无论是个人的还是集体的。它包括以等级思想、种族主义、民族主义或性别歧视等形式表现出来的自我中心主义。

以上是分别用否定和肯定形式表述的两个基本的原则要求（实为一个），然后这份宣言则是规定了4条更为具体的道德禁令："不可杀人、不可偷盗、不可说谎、不可奸淫。"这份宣言认为，这4条道德禁令早已存在于人类各个伟大而古老的宗教与伦理传统之中。

"不可杀人"，换用肯定的措辞，即"要尊重每个人的生命"。这份宣言认为从这条古老的规则可以推论出：一切人都拥有生命、安全和人格自由发展的权利，只要不伤害别人的同等权利。任何人都没有权利在肉体上或精神上折磨、伤害，更不用说杀害任何其他的人。任何人，任何国家，任何种族，任何宗教，都没有权利仇恨、歧视、"清洗"、驱逐，更不用说消灭行为方式或信念与自己不同的少数派。

"不可偷盗"，换用肯定的措辞，即"要正直公平"。这份宣言从这条古老规则得出的推论是：任何人都没有权利以任何方式抢夺或剥夺他人或公众的任何东西。进一步说，任何人都没有权利毫不顾及社会和地球的需要而使用自己的财产。

"不可说谎"，换用肯定的措辞，即"要言行诚实"。这份宣言从这条古老规则得出的推论是：我们应该勇敢地为真理服务，我们应该保持表里一致、真实可信。没有任何人，没有任何机构，没有任何国家，没有任何教会和宗教团体，有权表里不一、对别人说谎。

"不可奸淫"，换用肯定的措辞，即"要平等互敬"。这份宣言从这条古老规则得出的推论是：人与人之间的权利平等，需要互相尊重。任何人都没有权利把别人贬低为侵害对象，使之陷入被侵害的处境之中。

这份宣言的签署者们立誓为转变人心而努力，为个人和集体意识中的这种转变而努力，为通过反思、冥想、祈祷或积极思考来唤醒人们的灵性力量而努力。

在全球一体化的今天，亲爱的朋友，我有足够的理由相信你会谨遵这4条禁令。

特别要提醒的是，在人生诸多规则中，你首先要守住的是你的诚信。诚信是基本的规则，失信是最大的禁忌。

春秋战国时，秦国的商鞅在秦孝公的支持下主持变法。当时正处于战争频繁、人心惶惶之际。为了树立威信，推进改革，商鞅下令在都城南门外立一根三丈长的木头，并当众许下诺言：谁能把这根木头搬到北门，赏金10两。围观的人不相信如此轻而易举的事就能得到如此高的赏赐，结果没人肯出手一试。于是，商鞅将赏金提高到50两。重赏之下必有勇夫，终于有人将木头扛到了北门。商鞅立即给了他赏金50两。商鞅这一举动，在百姓心中树立起了威信，而商鞅接下来的变法很快就在秦国推广开了。新法使秦国渐渐强盛，最终统一了中国。

而同样在商鞅"立木取信"的地方，在早于商鞅变法约400年以前，却发生了一场令人啼笑皆非的"烽火戏诸侯"的闹剧。

周幽王第二任王后名叫褒姒，为博取她一笑，周幽王下令在都城附近20多座烽火台上点起烽火——这是边关报警的信号，只有在外敌入侵需召诸侯来救援的时候才能点燃。结果诸侯们见到烽火，率领兵将匆匆赶到，待到弄明白这是君王为博妻一笑的花招后愤然离去。褒姒看到平日威仪赫赫的诸侯们手足无措的样子，终于开心一笑。5年后，犬戎大举攻周，周幽王烽火再燃而诸侯未到——谁也不愿再上第二次当了。结果周幽王被逼自刎，而褒姒也被俘虏。

一个"立木取信"，一诺千金；一个言而无信，戏弄诸侯。结果前者变法成功，国强势壮；后者自取其辱，身死国亡。可见，"信"对一个国家的兴衰存亡确实起着非常重要的作用。

近年来，在我国经济和社会生活中，失信现象屡见不鲜。从假烟、假酒、假文凭，到假账目、假评估、假签证、假报告；从普通人恶意透支信用卡，到为人师表的教授剽窃他人的著作……

老百姓们失望地发现，自己生活的大大小小的圈子里都存在着欺诈、造假等不诚实的行为。一系列的失信事件让人触目惊心，假冒伪劣产品横行和社会机构或个人缺少信用已产生了恶劣的社会影响，"诚信的缺失"已经严重阻碍了人们的社会行为。

那么，对十一个学生来说，应当怎样守住自己的诚信呢？

在某外国大学，一个学生受到最严厉的惩罚，不是因为迟到旷课、夜不归宿，甚至打架斗殴、损坏公物，而是学习上的抄袭剽窃。据说，该国大学普遍实行"信誉规则"制度，新生入学先上一节大课，讲述这一制度，然后让每个学生在文件上签名。因此，一般情况下，他们的大学考试没有监考，甚至可以由学生自己决定什么时候考试，在什么地方考试，只要签名保证没有作弊就行。在他们看来，守信誉重承诺是人格的至高境界，是人的良心和操守的体现。

说回到"泰坦尼克号"。在1912年"泰坦尼克号"纪念集会上，白星轮船公司对媒体表示，其实没有所谓的"海上规则"要求男人们做出那么大的牺牲，他们那么做只能说是一种强者对弱者的关照，这是他们的个人选择。

是的，人性善恶说到底其实就是一种选择。

一场突如其来的疫情打破我们原本平凡幸福的生活，春节不能欢聚，企业不能正常开工，学校不能按时开学。但这个疫情也向我们展现了不同人性：有人不顾安危，舍小家为大家，做最美逆行者，毅然奔向抗"疫"最前沿；有人蛮横无理、拒不配合检查，甚至明知自己患病，却隐瞒病情，故意传染给别人；还有人卖"天价白菜""二手口罩"，以及对来自疫区的人员差别对待和歧视……疫情在某种程度上成为一个放大镜，既放大了人性的善良，也放大了人性的阴暗。

有人说，社会是最好的课堂。翻开这本教科书，你能看到，什么是以身许国，什么是精致利己；什么是力挽狂澜，什么是推波助澜；什么是舍生取义，什么是见利忘义；什么是逆向而行，什么是尸位素餐……

而我说，面对疫情，人生就像走进了一个超大型的"购物广场"，进行一场关于灵魂、关于人性、关于价值的消费活动。

你可以"购买"诸如生存、健康、幸福、友谊、自尊、自由、帮助他人、自我实现等的基础价值，也可以"购买"包括良知、豁达、远见、感激、希望、独立、超然、谦恭、爱、儒雅与和善等的精神价值，还可以"购买"例如谨慎、责任、勇敢、自制、可靠、真诚、诚信、公正、无私等的道德价值。当然，写着和平、正义、宽容、参与、合作、分享、忠诚、坚定、权利、义务等的社会、政治，乃至宗教价值也摆在货架上任你挑选……而这所有的一切，往往都以一份亲情、一种友情、一场遭遇、一个信仰、一种追求等形式呈现，并且通过必要的中介——比如良好的家庭关系、正常的社会交往、必要的物质保障等来实现。

这就意味着要选择，对不同价值的选择。

那么，我们该怎样选择人生的价值？让我先讲个古希腊神话给你听。

古希腊神话里有个大英雄叫赫拉克勒斯，他在人生选择的十

字路口遇见了两位女神。这两位女神，一位叫"美德"，高贵而礼貌，她为赫拉克勒斯指出了一条通往美德的"遥远和艰难"、压力极大、险象丛生的道路，她同时告诉赫拉克勒斯："你必须对它尽你的职责……假使你愿意收获，你必须耕种。假使你想战斗得胜，你必须学会战斗的技术……你必须工作和流汗"。另一位女神叫"享受"，涂抹着香粉和香水，艳丽而傲岸，她为赫拉克勒斯指出了一条轻轻松松享受一切的道路——"没有你尝不到的快乐，也没有你不能避免的不幸！你将不参加任何战争与艰难。你将不用心思，只是享受丰盛的饮食和美酒，极耳目视听之乐，极身体和肉感的满足"。

最后，赫拉克勒斯选择了"美德"女神指引的道路。赫拉克勒斯的选择，其实是生存之轻与生存之重的选择。

米兰·昆德拉在他的《不能承受的生命之轻》中以其独特的生命视角、冷峻且蕴含某种智慧的思虑，审视了人类灵魂的空虚与充盈、生命的轻与重，诠释了生命之中某种不曾泯灭的真理。他有这么一段有关生命轻与重的叙述：

> 沉重便真的悲惨，而轻松便真的辉煌吗？
>
> …… ……
>
> 最沉重的负担压得我们崩塌了，沉没了，将我们钉在地上。也许最沉重的负担同时也是一种生活最为充实的象征，负担越沉，我们的生活也就越贴近大地，越趋近真切和实在。相反，完全没有负担，人变得比大气还轻，会高高地飞

起，离别大地亦即离别真实的生活。他将变得似真非真，运动自由而毫无意义。

那么我们将选择什么呢？沉重还是轻松？

是啊，我们该选择沉重还是轻松呢？

选择沉重就意味着主动追求生存的意义，努力实现自我的价值，勇敢地面对生活的挑战，负责任地承担起自己应尽的义务。这样一种生存方式会给我们带来压力——外在和内在的两种压力。这些压力使我们活得很累，身体累，心也累，紧张而又疲惫，而且由于不堪重负或苦苦追求而不可得，往往还会产生痛苦和烦恼，甚至怀疑或否定这样生存的意义和价值。

选择轻松则意味着主动躲避生活的压力，主动放弃人生的追求，蔑视别人所重视的理想、使命、崇高、神圣，不为目标所累，不为困境所烦，不为责任义务所用，不强迫自己，看破红尘，游戏人生，只求活得随意，心的轻松，只求舒服清闲，甚至麻痹头脑的感官享乐。

我选择的是沉重。是的，我有很多的生活负担，把孩子从小带大，养育好、教育好就是其中的一项；让老人安度幸福的晚年，让全家过上红火的日子，当然也是其中的内容。我还有人生追求，既希望成为一名有个性的语文教师，记住学生，并让学生乃至学生家长记住；又希望成为这个世界上最幸福也是最成功的家长之一，培养出一个出色而又孝顺的女儿。尽管压力很大，很沉重，但脚下踏实，内心充实，有着自我实现的追求和满足。

我拒绝的是轻松。是的，我不愿意自己成为莱蒙托夫《当代英雄》中的"多余人"毕巧林，也不愿意养成慵懒、怠惰、麻木、萎靡不振、意志消沉、无所事事的"奥勃洛摩夫性格"，更不愿意选择以物质满足和肉欲满足为主题的19世纪法国"世纪儿"的生存方式，尤其拒绝成为嘲弄一切、亵渎一切、放浪形骸、惊世骇俗的"垮掉的一代"。因为那样尽管轻松自在，但也散漫麻木，甚至空虚无聊。丧失了生存的价值和意义，人就像被剥去了衣服，抽掉了灵魂，只剩下肉体一具，是没有什么真正的幸福可言的。

泰戈尔写道："生命因世界的需要而发现它的财富，因爱的需要而发现它的价值。"

我们也从许许多多高尚的人身上懂得："生命的意义不在于长短，而在于内涵。"

亲爱的朋友，一旦认定了自己的选择，你还要懂得适当的放弃。

有位年轻的登山家，在不带氧气瓶的情况下，多次跨过6500米的登山死亡线，并最终登上了世界第二高峰——乔戈里峰。他的壮举载入了吉尼斯世界纪录。在记者招待会上，这位年轻的登山家畅谈了他的切身体会："无氧登山的最大障碍是欲望，因为在山顶上，任何一个小小的杂念都会使你感到缺氧。我之所以取得成功，就是因为我学会了清除欲望和杂念。"

　　亲爱的朋友，我们每个人的一生也像攀山越岭一样，一路上会有许多奇花异草、奇峰异景引人驻足观赏，令人流连忘返，甚至迷失方向，坠入深谷。只有心无旁骛、专心致志者，才能登上人生的高峰，饱览峰巅的无限风光。

　　朝气蓬勃，精力充沛，是年轻的优势，而杂念太多，心浮气躁，不懂得放弃，又是青年的通病。学会放弃，则是每一位"登山者"不容置疑的选择。高尚的人，懂得放弃庸俗；纯洁的人，懂得放弃低级趣味；善良的人，懂得放弃邪恶；正直的人，懂得放弃虚伪。正确的放弃，就是人生选择的成功。

　　放弃意味着失去，没有失去的痛苦，哪有"登山"得到的快乐；放弃意味着付出，没有付出的汗水，哪有"登山"成功的芳香。

亲爱的朋友，打开历史，你会看到有不少伟人成就了不朽的事业，从孔子、孟子这样的道德典范，到亚里士多德、卢梭这样的思想家；从马克思、恩格斯这样的政治家，到诺贝尔、居里夫人这样的科学家，都已进入了人类历史永恒的殿堂。

人生不一定要做出这样的伟业，但每个人都应该走在有意义的人生路上，去追求自己能够追求到的东西，去播撒那些结得下果实的种子，应该让生命的每一天过得充实。

每一次，我和同学们讲述"泰坦尼克号"故事的时候，都会用这句话来作结尾：

你可以不高尚，但是决不可以低劣；你可以不伟大，但是一定可以崇高。

关注弱势，懂得宽容

疫情暴发期间，在山西太原开往运城的一趟动车上，发生了这样的场景。

一个大妈因为跑遍了药店也没有买到口罩，看到别人都戴着，觉得自己很没用，着急得哭了，乘警上前询问了解实情后，毫不犹豫地掏出了自己的备用口罩递给了老人。在给老人口罩的时候，乘警不停地安慰大妈，让她不要担心，不要害怕，还帮大妈戴上口罩："先保护好自己的安全最重要"。大妈非常感动，在戴上口罩之后，不停地抹眼泪。这时候，我想她的内心一定是极其温暖的。

列车乘警的言行不仅让大妈感动，也让我们每个人感动。因为，它触动了我们的"不忍人之心"。

孟子曰："人皆有不忍人之心。先王有不忍人之心，斯有不忍人之政矣。以不忍人之心，行不忍人之政，治天下可运之掌上。所以谓人皆有不忍人之心者，今人乍见孺子将入于井，皆有怵惕恻隐之心——非所以内交于孺子之父母也，非所以要誉于乡党朋友也，非恶其声而然也。由是观之，无恻隐之心，非人也；无羞恶之心，非人也；无辞让之心，非人也；无是非之心，非人也。恻隐之心，仁之端也；羞恶之心，义之端也；辞让之心，礼之端也；是非之心，智之端也。人之有是四端也，犹其有四体也。有是四端而自谓不能者，自贼者也；谓其君不能者，贼其君者也。凡有四端于我者，知皆扩而充之矣，若火之始然，泉之始达。苟能充之，足以保四海；苟不充之，不足以事父母。"

这段话的白话译文，就是，"人都有不忍伤害别人的心。先王有不忍伤害别人的心，才有不忍伤害别人的政策。用不忍伤害别人的心，施行不忍伤害别人的政策，那么治理天下就会像在手掌中转动东西那么容易。之所以说人都有不忍伤害别人的心，（根据在于）假如现在有人忽然看到一个孩子要掉到井里去了，都会有惊恐同情的心理——不是想借此同孩子的父母攀交情，不是要在乡邻朋友中博取名声，也不是讨厌那孩子的哭叫声才产生这种同情心理。由此看来，没有同情心的，不是人；没有羞耻心的，不是人；没有谦让心的，不是人；没有是非心的，不是人。同情心是仁的开端，羞耻心是义的开端，谦让心是礼的开端，是非心是智的开端。人有这四种开端，就像他有四肢一样。有这四种开端却说自己不行，这是自己害自己；说他的君主不行，这是害他的君主。凡自身保有这四种开端的，就要懂得扩大充实它们，（它们就会）像火刚刚燃起，泉水刚刚涌出一样（不可遏止）。如果能扩充它们，就足以安定天下；如果不能扩充它们，那就连侍奉父母都做不到。"

不忍人之心，就是同情心，同理心，恻隐心，怜悯心，慈悲心。

25年前，也就是1995年，我在家乡张家港市的一所中学任教，因为要陪一位朋友去了解苏州评弹学校的情况，便在某个周末来到苏州。当时天色已晚，我们决定先住下来，第二天再去评弹学校。晚上，我俩无事，去逛观前街。在逛完要回住处的时候，看到观前街西头地下人行通道口上，一位初中生模样的女孩捧着一条崭新的牛仔裤，神情焦急地在那里拦问路人。走近了才知道，这位女孩是独自从郊县来苏州报考苏州工艺美术职业技术学院的初中生，因为第二天才面试，所以一个人出来逛街，买了条牛仔裤，没想到钱包被偷了，连坐公交车回住处的钱都没有，急得没办法，只能求助路人，希望好心人将她刚买来的牛仔裤"买"了去，以解她燃眉之急。

或许是因为类似的骗人手段屡见不鲜，这个女孩在地下通道口站了好久，拦了不少人，讲了一遍又一遍自己的遭遇，得到的却是路人摇摇头、摆摆手、避着走。我驻足在边上听完她诉说的遭遇，见别人转身离去，不忍心看到女孩失望、无助、焦急的神情，于是掏出钱包。朋友拦住我："骗子，别信！"我笑笑："她还只是个孩子！"我从钱包里取出50元钱，上前递给女孩。女孩千恩万谢，一只手紧紧地攥住50元钱，一只手急急地要把牛仔裤塞给我，我摇摇手，表示不用。女孩见状，放好钱，从口袋里掏出一支笔来，红着脸问我："叔叔，您有纸吗？"我说没有。她又从口袋里翻出一张车票来，反面朝上递给我："叔叔，能把您的姓名和地址写给我吗？我回去就寄还您的钱！"我又摇摇手，表示不用。女孩拉住我的衣角，露出恳切的眼神说："不，我一定要还！"见她如此恳切，我想了想，就在车票的背面，写下了我供职学校的地址，以及很少有人知道的，我在大学读书时常用的笔名——"沙洲子"。我把小小的车票递给她，女孩小心翼翼地收起来，说："叔叔，我一定会把钱还给您！"我继续摇摇手，表示不用。我和我的朋友把她领到路口，给她拦了辆出租车，拜托司机把孩子安全送达住处，才转身离开。

几个月后，在我快要淡忘这件事的时候，学校门卫处贴出了告示：有一封写给"沙洲子"的信，请来认领。我打开这封信，原来就是这个女孩写的。女孩在信中告诉我，她已经被苏州工艺美术职业技术学院录取。她写信来是要还我50元钱，并且说，要像我一样"做个帮助别人的好人"。她决定从现在开始，每月从生活费中省出10元来，捐给希望工程。她不知道捐款的路径，因此，就想请我这个当教师的叔叔，代她来捐。信中，夹着崭新的60元人民币。也就是在这封信里，我知道了她的名字——"朱敏娟"。

这以后，女孩每个月都给我写信，汇报学习，并寄上10元钱。一开始，我把这10元和我捐给希望工程的钱一起捐出。到后来，随着通信次数的增多，我慢慢地了解到出身农村的女孩家境并不富裕，甚至颇为拮据，于是向她委婉地表示，帮助别人并不一定要捐钱，也可以捐时间，做公益，并且建议她先以学习为主，等到学业有成，会有更大的能力去帮助别人。这以后，她还是来信，只不过不再寄钱，不知道是听了我的劝，还是自己悄悄去捐了。再后来，我调动工作，去了外地，也就与女孩失去了联系。

2001年，已在外地工作的我在《张家港日报》读到我的学生陈秀雅采写的一篇报道《桂英好难》，讲述了一位叫"桂英"的孤寡老人在麦熟时节只能自己抢收庄稼的"难事"。当我读到她养了几只老母鸡，却从来不舍得吃鸡蛋，把鸡蛋都拿到集市上去卖钱以贴补家用，以及她那八九十岁的婆婆拎着矮凳，步履蹒跚地到田间帮她一起捡拾粮食的时候，忍不住掉下眼泪。我当即以"吴明"的名义给身在报社的陈秀雅汇款，每月300元，附言请她转给"桂英"。我的这位学生，恐怕到现在也不知道，"吴明"就是她的老师。

2003年，我应邀去天津讲课。在飞往天津的航班上，我打开《天津日报》，无意间读到了这样一则报道：一位妇女在冰天雪地的街头推着三轮车卖水果，天寒地冻的深夜，水果没有卖掉，她冻得要命却不肯回家，坚持在等不大可能出现的主顾。这位妇女的女儿刚来天津上大学，和女儿相依为命的她从辽宁来到女儿读书的城市，和别人合租了一小间房，除了一个烧水取暖用的煤炉，所有的家居用品都是从垃圾堆里捡来的，而唯一的煤炉，平时也不生火，只有女儿周末回家，才舍得烧煤。我把这张报纸带在身边。讲完课，恰巧《天津日报》的记者前来采访，我讲了我读到的这个故事，当即把主办方付给我的讲课费装在信封里，拜托他们找到那位妇女的女儿，资助她学习。从这以后，我的大部分讲课费有了一个很好的去向：帮助包括天津这位妇女的女儿在内的贫困而有志的大学生。

2008年，汶川大地震。5月12日14时28分，地震发生的那一刻"地动山摇"。当时我远在苏州，没有感知，但事后有些害怕。因为，我主编了四川德阳职业教育系统的一本语文教材，按照计划，原定在5月12日去绵竹向老师们解读教材。后来，由于参加大学母校校庆，将去绵竹的时间后延至15日，这才"躲过一劫"。我知道了地震的消息后，第一时间跑到苏州市红十字会，以女儿的名义捐款1000元。在这之后，每逢国内外发生自然灾害，我都通过苏州市红十字会捐款1000元，开始是以女儿的名义捐款，后来女儿知道了，她就自己捐。

2015年，我外出讲学，听一位从贫困县走出来的老师谈农村留守儿童的教育问题，使我无比心痛、心酸。她说，她教的初中生中，有接近一半的学生初中没读完就辍学了，百分之八十以上的学生不读高中。留守儿童安全意识不强、心理问题突出、亲情关怀缺失、学习状况不佳、违法犯罪率攀升……一句话，他们的生命状况令人担忧。这位老师为了帮助孩子，积极参与公益活动，筹钱来解决些许问题；甚至自己花钱去学心理学考心理咨询师资格证书。她希望我和我的团队研究开发的"新生命教育"课程能够帮助这些孩子。于是，同年9月，我发起"让留守儿童生命起舞"公益活动，和亲朋好友一起定向捐款5万多元；2016年9月，我再次发起"为留守儿童生命点灯"公益活动，并成立"留守儿童公益群"，和伙伴们一起，开展一对一结对帮扶活动，迄今已在陕西、安徽两地结对帮扶留守儿童100余名。从2017年开始，我们几乎每年暑假都抽出时间，到山区去实地走访、开展陪伴活动……

我渐渐明白，我并没有忘记那位叫作"朱敏娟"的女孩。相反，在后来20多年的生活中，我时常会想起她来。我用行动表示着对她的记挂与感谢。感谢她让我始终相信，这个世界大部分人都是善良的、真实的。感谢她让我一直坚定地践行当别人有困难的时候，不为功利地伸出手去，说一句"我来帮你！"这个为人的准则。感谢她让我逐渐明白，人是带着阳光和温暖来到这个世界上的，播撒阳光是我们的责任，传递温暖是我们的义务，阳光是可以遍撒的，温暖是可以传递的……

回到开头所说的大妈买不到口罩在火车上急哭了这件事上，我想到了弱势群体。

"弱势群体"不是新词汇。早在2002年3月，《政府工作报告》就正式使用了"弱势群体"一词。"弱势群体"主要包括：儿童、老年人、残疾人、精神病患者、失业者、贫困者、下岗职工、灾难中的求助者、农民工、非正规就业者以及在劳动关系中处于弱势地位的人。当然，这只是简单地列举，各个群体之间实际上存在交叉。我们呼吁全社会的力量来共同关注弱势群体。

改变弱势群体的生存状况，就是在最大程度上实现社会的公平正义，进而促进整个社会和谐、健康地发展。

《沈阳晚报》2007年11月23日报道，11月21日早上，沈阳市二〇一医院接到电业局电话，电业局再次提醒11月22日将要停电。此时医院的备用电源正好出现故障。"医院有一个5岁小女孩刚刚接受造血干细胞移植，目前正在接受无骨髓期治疗，一旦层流室停电，很可能造成孩子感染，危及生命。"大东供电局工程师肖中接到医院电话后，立即通知办理停电的开发商：如果无法协调医院备用电源，再大的工程都不能停电！11月22日，在医院干细胞移植室内，5岁女孩王兆悦无力地摆弄着手上的积木。她不知道，在她那小小身子的背后，医院、供电局、房地产开发公司等多个看似不搭边的单位，积极奔波着、协调着，目的只有一个：为了保证她的生命安全。

同样是2007年，《南方都市报》曾报道，在东莞市，百人彻夜奋战，救出坠入直径20厘米桩管的3岁男童；在广州市花都区，让半个城区停电后，救下高压电塔上一位精神恍惚的妇女。无论是"救上来"还是"救下来"，付出的人力、物力都是巨大的。有人问：让半个城区都停电来救一个人，花费的公共资源太大了，值不值得？不妨看看英国的一个极端例子。

有位名叫埃米的妇女，因病痛而一直"迷恋"于跳海自杀，2001年以来已至少50次跳海自杀而被救了起来，英国政府为此支付了超百万英镑的费用。尽管埃米被怀疑为故意戏弄警方，尽管英国法庭发出"反社会行为规则"禁令，禁止她前往海滩，但当地一位警官说，"她要再次自杀，我们还是要去救她，在生命面前，我们别无选择"。

万利之上要有生命在，无价的生命高于一切。要说世界上有什么共同的价值观，那就是不惜一切代价救人。因此，关注弱势群体，说到底，就是尊重每一个个体的生命。同时，关注弱势群

体，除了帮助，还应该多些"宽容"。

自疫情暴发以来，全国人民从自我做起，纷纷打起了"病毒防疫战"，响应各级指挥部号召，每个人出门都必须戴口罩，导致口罩供不应求。很多人为买不到口罩发愁，但是，人们有时为了生活，还是需要外出的，特别是外地务工人员，很多都已经踏上了复工的旅程。一些人不戴口罩就出行，我猜想他们也不是不想戴口罩，只是买不到。供不应求的市场，让口罩一上架就被抢光，一些偏远地区，没有那么多药店，更难买到口罩。

这就要求我们做更深层次的思考："宽容"。

我说的这个"宽容"，不是《辞海》里的解释，"宽恕能容人"，也不是《现代汉语词典》里的解释，"宽大有气量，不计较或追究"。这些都只是一个气度和修养的问题，属道德范畴，而且特别值得我们注意的是，它已将宽容者置于正确的、高人一等的位置，而被宽容者则被预设在错误的、无礼的、冒犯他人的位置。这使它的意义近乎宽恕、饶恕、"君子不记小人过"、"宰相肚里能撑船"。

我说的这个"宽容"，是房龙的《宽容》（*Tolerance*）一书中说的"宽容"。对于英文"tolerance"的解释，牛津、朗文、韦氏等大词典基本相同，即对不同于自己的信仰、思想和行为的容忍或承认，以及一种与思想和行为与众不同者建立和维持共同体的品质和能力。

"tolerance"重在平等，重在自由。它的理论依据是人与人在人格和理性上是平等的，它的价值指向是人与人交往、人与社会发生关系的时候，有这么一个思想平等的根本性原则，它的引申意义是不得侵犯他人思想和行为的自由，不得将自己的思想和行为方式强加于人。

在房龙看来，人类身上普遍存在着超越时间和空间的三种不宽容现象：第一种是出于懒惰的不宽容，第二种是出于无知的不宽容，第三种是出于自私自利的不宽容。

不仅如此，在房龙看来，不宽容还有个人和社会之分。房龙先生特别憎恶、恐惧和担忧的是群体的、社会性的不宽容。

那么，在我们的生活中，尤其是在这次疫情面前，有没有房龙所说的这三种不宽容现象存在？有没有群体性、社会性的不宽容？你怎样看待？又怎样对待呢？

疫情之下，广东省中山市三角镇率先发出"复工复产有口罩，免报免批更周到，湖北乡亲我们要"的热情邀请。但疫情产生的恐慌，也让一些人对湖北籍人士心存芥蒂，使一些外出务工的湖北籍人士处于一种尴尬的境地。

疫情中钟南山讲到湖北武汉时，几度哽咽，眼含泪光。他说："武汉本来就是一座很英雄的城市。"这个冬天，湖北人民牺牲了太多，付出了太多，为打赢这场疫情阻击战付出了巨大的努力。湖北人民已经背负了一个冬天的阴霾，希望我们能给他们这个春天最灿烂的温暖。

说到外出务工，不由得让我想起2008年上海高考时诞生的唯一一篇满分作文，题目是《他们》。

在城市尽头，没有繁华的街市，闪亮的霓虹；在城市的尽头，只有破旧的棚户区，有饱经生活风霜的生命；在城市的尽头，有他们这样一群人。

让我怎样称呼他们？外来务工人员子女？农民子弟？抑或是农民工二代？不，我不想用这些冰冷的名字称呼他们，我多想叫着他们带着泥土气的乳名，拉着他们的小手，走近他们的生活……

他们从小生长在故乡的青山绿水中，纯洁的灵魂在田野里抽穗拔节。在山野的风中，他们奔跑着，憧憬着。风从田野中吹过，吹进了城市，为了生计，为了未来，他们跟从父母来到了城市，在城市的尽头扎下了根。于是习惯了青山绿水的双眸第一次触碰到了高楼大厦、车水马龙。他们不知道怎样穿过六车道的马路，小小的手指怎么也数不清写字楼的层数。繁华的现代文明不曾给他们带来任何快乐，这一次，却在心上烙下了深深的痕迹。

他们背起书包，小心翼翼地融入城市的生活。可是却在"城市人"异样的眼光中，第一次明白了户口与暂住证的区别。他们都是父母心头的宝啊！却过早地承担了不属于这个年龄的负担。

放学回家，他们做好简单的晚饭，父母还在工地或菜场上劳作；午夜醒来，泪眼中城里的星空没有家乡的明亮；悄悄许愿，希望明天他们的打工子弟小学不会因交不出电费而被查封……

然而，在他们日益长高的身体上，我看到了他们的成长。记得一位记者问一个打工子弟学校的孩子，学成后是否会回到家乡时，小姑娘毫不犹豫地说：当然，一定回去！那一刻，我差点落下泪来，为他们的成长。

记得那年春晚他们稚气的宣言："我们的学校很小，但我们的成绩不差""我们不和城里的孩子比爸爸""北京的2008，也是我们的2008！"他们逐渐成熟，告别昨天的羞怯，开始迎接新的一天。

虽然，他们还在为不多的学费而苦恼；虽然，学校还是交不上水电费；虽然，还有好多体制还不够完善……虽然有好多个"虽然"，但是，只有一个"但是"就足够了，已经有好多视线转向他们，他们正在茁壮地成长。

太阳从地平线上升起，照亮了城市的尽头，照亮了他们的生活。

他们，终将会成为我们。

这篇文章没有华丽的辞藻，也没有时尚的包装，但是字里行间透露出很强的社会责任感，引发了阅卷者和我们每一位读者内心强烈的共鸣。

其实，关注弱势群体，懂得宽容，不需要华丽的辞藻，也不需要时尚的包装，只需要我们朴实的行动。让我们共同期待更多的变化与希望，就像文章最后的点睛之笔所说，"他们，终将会成为我们"。

致敬英雄，牢记担当

"你是谁，为了谁，我的武汉同胞不流泪，谁最美，谁最累，白衣天使，武汉同胞，我的兄弟姐妹！……"2020年2月13日晚，歌手祖海通过新浪微博发文，要将歌曲《为了谁》再次深情演唱，献给武汉，献给奋斗在武汉抗疫一线的医护工作者，献给亲爱的武汉同胞。

据祖海透露，"（我对）1998年的《为了谁》记忆尤为深刻，那年的MV正是在武汉拍摄……"

22年前，一场突如其来的全流域特大洪水，席卷了我国多个地区。无数的"抗洪战士"奋不顾身、抢险救灾，用生命抵挡洪水、用生命守护生命的场景，在当时青涩的祖海心中，留下了永远难忘的记忆。

22年后的今天，武汉这座城市，因疫情而蒙难。来自全国各地的"逆行者"迎难而上、前赴后继，奔赴战"疫"最前线。这样的画面令祖海感慨万千，心中似有千言万语想要表达。

随后，视频发布。视频中，祖海含泪而歌、为爱而唱，真实的情感打动人心，引发了网友们的共鸣。而MV画面中，"抗疫战士"们的行动、话语更是令人潸然泪下。22年过去，一方有难、八方支援的精神还在，医护工作者、人民子弟兵的使命依旧。

在这场"抗疫战争"中，医护人员成了"最美逆行者"，成了"最可爱的人"，成了时代英雄。

他们摘下口罩的满脸勒痕，他们脱掉手套的皲裂血迹；他们疲惫充血的双眼，她们剪下的缕缕长发……我们都会铭记。

武汉金银潭医院院长张定宇，身患渐冻症，每天拖着一双不方便的腿脚，带领医护人员"保卫武汉"，连续60多天奔走在抗疫一线。这个没有被疾病吓倒，心怀大爱的铮铮硬汉，在得知同样在医院工作的妻子感染了2019新型冠状病毒时，落了泪。

84岁高龄的钟南山，以其院士的专业、战士的勇猛、国士的担当，赢得了人民群众的赞誉，称其为"中国脊梁，国士无双"。当新型冠状病毒肺炎疫情出现时，许多人还没意识到病毒的凶险程度，钟南山院士便以自己精深的专业素养第一个告诉大家真相："新冠病毒有人传人的危险，请大家没有特殊情况千万别去武汉！"但是，他自己却毅然连夜只身奔赴武汉，来到疫情最严重也最危险的第一线。因当天航班已买不到机票，钟南山挤上了赶往武汉的高铁餐车，在列车上他一边吃着盒饭，一边研究疫情，后来实在太累了，靠在座椅上就睡着了。这一幕被对面乘客抓拍了下来，照片随后在网上流传开来，感动了无数人。从这幅照片上，我们读到了"科学""专业""无畏"和"担当"。我相信，一定有很多同学在心里把他赞为英雄，树为榜样。

那么，英雄和榜样从何而来？

钟南山的父亲钟世藩，是我国著名儿科专家。钟世藩是个孤儿，9岁那年被人带到上海，给一户人家做仆人。寄人篱下的生活，使钟世藩养成了坚毅的性格。他异常刻苦地学习，以优异的成绩考入协和医科大学。那时要读完协和医科大学是十分不容易的，入学时他们全班共有40人，坚持到毕业时，却只有包括钟世藩在内的8个人了。

钟南山小时候活泼聪慧，因家庭的耳濡目染，渐渐对医学有了兴趣。一天，钟南山发现家里来了许多"不速之客"——一群可爱的小白鼠。原来他父亲的特长是从事乙型脑炎病毒的培养和分离研究。在20世纪50年代，他的科研题目就是小鼠胚胎培养病毒，由于当时科研经费比较缺乏，他就用自己的薪水买来小白鼠，在书房里做起了实验。

从此以后，每天放学回家，钟南山总爱到父亲的书房里逗弄小白鼠玩。父亲有意地让儿子多与它们接触。他觉得，熟悉小白鼠的习性、生理与机能，对于学医之人，是很有好处的。他与钟南山商量，要他帮助自己照看小白鼠。尽管鼠窝里总是散发着一种难闻的气味，钟南山还是乐呵呵地接受了这一项使他开心的任务，成了最称职的"白鼠饲养员"。就这样，钟南山开始接受医学启蒙。更为重要的是，在帮助父亲照看小白鼠的过程中，他不知不觉地锻炼了观察力、耐心和责任心，而这些，正是一个好医生所必须具备的条件。

　　1955年，年仅19岁的钟南山以优异的成绩考入北京医学院（现北京大学医学部）医疗系，实现了从医理想的第一步。

　　从钟南山院士的故事中，我们能读到很多，其中就有"责任"。

　　联合国教科文组织在其《学习——内在的财富》报告中指出："事实上，社会的每一个成员在其职业、文化、结社和消费活动中，每天都应承担自己对他人的责任。"

　　席勒在救助一位面临穷途末路而想自杀的学生后，写下《欢乐颂》赠给他。这位伟人的遗孀回忆说："他活在世上，将整个生命与爱都献给了这个世界。"

　　恩格斯曾回忆燕妮说："如果说，世界上有人把别人的幸福当作自己的幸福，那就是她。"

　　世纪老人冰心在美国求学时，在一篇文章中写道："爱在左，同情在右，走在生命路的两旁，随时播种，随时开花，将这一径长途点缀得花香弥漫，使穿枝拂叶的行人踏着荆棘，不觉得痛苦，有泪可落，也不是悲凉。"

　　也许有人会说，我一辈子都做不成钟南山院士这样的事业，也不可能成为席勒、燕妮、冰心……我一辈子可能注定平庸，就像我的爸爸妈妈、爷爷奶奶一样平凡。

　　其实并不是这样的。就拿我们学校来说，疫情期间最让我感动的就是九年级的英语老师师秀兰。因为封城，师老师滞留在湖北亲戚家。为了响应"停课不停教、停课不停学"的号召，她承担了自己班级应该推出的网络课程教学工作，又因为当地交通管制没办法坐车，她就步行走了20多里地，想尽办法买了一台新电脑为即将开始的网络课程做准备。尽管我们和她说过，已经安排好同组老师来替她代课、带班，但她说，这是她分内的事。

师老师说的"分内事"，让我想起责任，想起担当。责任就是做分内应该做的事情，是他律，也是自律；担当是敢于承担责任，关键时刻敢挑担子，责任面前不回避，不推诿，不退缩。

责任无处不在，存在于生命的每一个岗位。父母养育儿女，儿女孝敬父母，老师教书育人，学生尊师好学，医生救死扶伤，军人保家卫国……责任落实在日常生活的每一个细节之中。

大连市公交汽车司机黄志全，在行车的途中突发心脏病。在生命的最后一分钟里，他用最后的力气做了三件事：把车缓缓地停在路边，并拉上手动刹车闸；把车门打开，让乘客有序地下了车；将发动机熄灭，确保了车和乘客的安全。做完了这三件事，他趴在方向盘上停止了呼吸。

河南信阳小学老师李芳，下午放学后护送学生们回家，在学校大门往东50米处的十字路口，带队领着孩子们按绿灯指示有序通过。突然，一辆装满西瓜的深红色摩托三轮车自北向南闯红灯急速冲来，且毫无刹车迹象。情况万分紧急，李芳老师一边大声呼叫学生避让，一边冲上前去用自己的身体挡住学生，并奋力地将学生推开。学生得救了，李芳老师却被摩托三轮车严重撞击，倒地昏迷不起，最终因伤势严重，抢救无效离世。

也许，所谓英雄，不过是平凡的勇敢和担当。

我们来看看这次抗击疫情中的一名普通人。他叫汪勇，是武汉一位快递小哥。

　　作为一名普通的"80后"快递小哥，从早到晚，送快递、打包、发快递、搬货，是汪勇疫情之前日复一日的生活。

　　2020年1月24日（农历大年三十）傍晚，快递公司放假了。他关好仓库返回家中与亲人吃团圆饭。晚上10点，打算哄女儿休息时，突然刷到一名来自武汉金银潭医院护士发布在微信群里的消息，对方写道："求助，我们这里限行了，没有公交车和地铁，回不了家，走回去要4个小时。"需求是下午6点钟发布的，一直没人回应。"去还是不去？"他经过思想斗争，决定去帮助这位除夕之夜不能回家的护士。当他接到护士时，护士愣了，说："我没想到有人会来接我。"她感动得哭了，坐在车后排座上，她一直默默流泪。

　　汪勇从这位护士的口中才知道坚守一线的医护人员们的艰难远远超出他的想象。那段时间，金银潭医院的医护人员都是连夜奋战，能睡到床的人最多占10%，其他人只能靠在椅子上勉强打个盹儿，但即使打个盹儿，也会随时被病人的呻吟声和对讲机24小时不间断的呼叫声吵醒，如此氛围，别提好好休息了，就连精神上稍微放松一会儿都不可能。所以，他们宁肯艰难地在路上走4个小时，也希望能够得到短暂的休息。可是严重的疫情，让交通几乎都停滞了，每天那么多不能回家的医护人员，只能在医院强撑着疲倦的身躯望着家的方向叹息。

　　本来只是送快递的汪勇，突然意识到了自己新的责任。第二天，他接送了将近30个医护人员往返金银潭医院，要知道他这样做，是冒着被感染的风险啊！而且一天下来，累得他双腿哆嗦个不停。后来他在网上发布消息招募了一个志愿者团队，有20多个人跟他一起接送医护人员，中间跑坏了三台车。然后他又联系上了共享单车公司，对方负责人在医院、酒店所有的点位都投放单车，车辆人员一天到位，解决了医护人员2公里左右的出行需求。随着支援武汉的医疗队越来越多，他紧接着又对接网约车公司……

从帮助解决出行到用餐问题，再到医护人员的其他生活需求，比如修眼镜，修手机，买拖鞋、指甲剪、充电器甚至羽绒服……汪勇成了医护人员的"大管家"。他做了非常多的事情，而且每件事情都用心地做好。在投身战"疫"31天后，汪勇被国家邮政局授予"最美快递员"称号。

汪勇有一段话朴实又感人："人这一辈子碰到这么大的事情，不管做什么，尽全力做，不后悔。其实想想，我开始做这件事的初衷很简单，一天接送一个医护人员可以节省4个小时，接送100个就是节省400个小时。400个小时，医护人员能救多少人，怎么算我都是赚的。"

汪勇的故事告诉我们什么道理呢？人生最大的需要，是被需要。社会需要你，你就有做不完的事业；他人需要你，你就有交不完的朋友；亲人需要你，你就有享不尽的欢乐。被需要，是因为拥有独特的价值。这种价值，可以是一种能力，可以是一种担当，可以是一颗炽热而乐观的心。

生活中，我们很容易看到别人的优点，诸如某人很漂亮，工作能力很强，人缘很好，等等，但我们很少能看到自己的长处及自己的价值。

这也许是一种传统教育下过度谦虚的表现，因为要严于律己，所以对自己的要求与批评就很多，期望也很高，常常形成否定自己的心态，认为自己很多地方都不够好，久而久之，就容易产生自卑感，失去自信心，认为自己的存在没什么价值，因而活得非常消沉，甚至厌世。

有鉴于此，在20世纪末，有一位女士发起了一场叫作"蓝色缎带"的运动，希望人们能收到一条她设计的蓝色缎带，上面写着"我可以为这个世界创造一些价值"。她到处散发这样的缎带，鼓励大家把缎带送给家人和朋友，以表达感谢之情。她还四处演讲，强调每个人的价值。结果因为这些缎带的传送，引发了许多感人的故事，也改变了许多人的生命进程。

其中有一个故事发人深省。

有一次，这位女士给了一个朋友三条缎带，希望他能送给别人。这位朋友送了一条给他不苟言笑、事事挑剔的上司，他觉得由于这位上司的严厉使他多学到许多东西，另外他还多给了这位上司一条缎带，希望这位上司能拿去送给另外一位影响他生命的人。这位上司非常惊讶，因为所有的员工对他一向都是敬而远之。他知道自己的人缘很差，没想到还有人会感念他严苛的态度，把这当作是正面的影响而向他致谢，这使他的心顿时柔软起来。

这位上司一个下午都若有所思地坐在办公室里，而后他提早下班回家，把那条缎带给了他正值青春期的儿子。他们父子关系一向不好，平时他忙着公务，不太顾家，对儿子也只有责备，很少赞赏。那天他怀着一颗歉疚的心，把缎带给了儿子，同时为自己一向的态度道歉，他告诉儿子，其实儿子的存在带给他这个父亲无限的喜悦与骄傲，尽管自己从未称赞过儿子，也少有时间与儿子相处，但是他是十分爱儿子的，也以儿子为荣。

当他说完这些话时，儿子竟然号啕大哭。儿子对父亲说：他以为父亲一点儿也不在乎他，觉得自己的人生一点儿价值都没有，他不喜欢自己，恨自己不能讨父亲的欢心，正准备以自杀来结束痛苦的一生，没想到他父亲的一番言语，打开了他的心结，也救了他一条性命。这位父亲听了儿子的话吓得出了一身冷汗，自己差点失去了独生儿子而不自知。从此，这位父亲改变了自己的态度，调整了生活的重心，也重建起亲子关系，加强了儿子的自信。就这样，整个家庭因为一条小小的缎带而发生了彻底的改观。

蓝色缎带为什么会有这么大的魔力呢？

因为它是一个提醒，提醒我们看到自己的价值，提醒我们要接受自己、关爱自己。我们是可以创造奇迹、创造不同的人，不论我们是谁，都有这样的能力。也只有如此，我们才能看到这世界美好、光明的一面，也才能生活得愉快，真正地去爱，去创造生命的奇迹。

汪勇的故事还告诉我们什么道理呢？人生最大的幸福，不是需求的满足，也不是精神的快乐，而应该是价值的体现。价值体现层面的幸福，才是终极的幸福，才是恒久的幸福。

满足和快乐层面的幸福观大家一定不难理解也是易于接受

的。从马斯洛的需要层次理论来说，只有满足了基本需求，解决了匮乏需求，才有可能谈论幸福。而快乐和幸福，又如一枚硬币的两面，往往密不可分。但光有满足和快乐，幸福还不是恒久的幸福。否则，穆勒就不会把"痛苦的苏格拉底"和"快乐的猪"比较。猪是否能快乐得像人，我们不知道，但是人会容易满足得像猪，我们是常看见的。因此，价值体现，成为幸福体验中的高峰体验。

我们不妨重读一下《小王子》中小王子"驯养"狐狸的一段。这段里面，作者圣·埃克苏佩里借狐狸之口，直接道出了"幸福"。

"最好你能在同一时间来"，狐狸说，"比如说，下午4点钟吧，那么我在3点钟就会开始感到幸福了。时间越来越近，我就越来越幸福。到了4点钟，我会兴奋得坐立不安，幸福原来也很折磨人的！可要是你随便什么时候来，我就没法知道什么时候该准备好我的心情……"

这里连用三个"幸福",道出的是狐狸和小王子"建立感情联系"后一种真实的内心体验。用克里希那穆提的话来说就是,"我们都有专注的对象,心有所属能带给我们很大的欲乐"。而这种内心体验,这种"愉悦",这种"幸福",是建立在小王子"价值体现"的基础上的。小王子的到来,使狐狸得到"驯养","听到别的脚步声,我会往地底下钻,而你的脚步声,会像音乐一样,把我召唤到洞外""金黄色的麦子,会让我想起你。我会喜爱风儿吹拂麦浪的声音"……总之,使狐狸的生活"变得充满阳光"!这强烈地唤醒了小王子的幸福感受,使他想到了自己的玫瑰花,他的幸福在他那真正独一无二的玫瑰花那里,在"我必须对我的玫瑰花负责"的"负责"里:他为他的玫瑰花浇过水,盖过罩子,遮过风障,除过毛虫,他听它抱怨和自诩,有时也和它默默相对……

人活着究竟为什么?为了肉体存在而活,为感情而活,为意志而活,为思想而活,为灵魂或信仰而活,为社会而活……这原本是每个人都应当思考并且明了的问题,可是"人们挤进快车","又不知道还要去寻找什么","只有孩子知道自己在找什么"。因此,如果说基于满足和快乐的幸福还只是在"怎么活"层面寻找的幸福的话,那么,基于价值体现的幸福才是在"为什么活"层面寻找的幸福。这样的幸福,才是终极的幸福,恒久的幸福。

管理时间，立即行动

古今中外一切有大建树者，无不惜时如金。

古书《淮南子》有云："圣人不贵尺之璧，而重寸之阴。"

汉乐府《长歌行》中有这样的诗句："百川东到海，何时复西归？少壮不努力，老大徒伤悲。"

晋朝陶渊明也有惜时诗："盛年不重来，一日难再晨。及时当勉励，岁月不待人。"

唐末王贞白《白鹿洞》诗中更有"一寸光阴一寸金"的妙喻。

法国作家巴尔扎克把时间比作资本。

德国诗人歌德把时间看成是自己的财产。

鲁迅先生对时间的认识更深刻。他说："时间就是生命，无端地空耗别人的时间，其实是无异于谋财害命的。"

法拉第中年以后，为了节省时间，把整个身心都用在科学创造上，严格控制自己，拒绝参加一切与科学无关的活动，甚至辞去皇家学院主席的职务。

居里夫人为了不使来访者拖延拜访的时间，会客室里从来不放座椅。

76岁的爱因斯坦病倒了，有位老朋友问他想要什么东西，他说，我只希望还有若干小时的时间，让我把一些稿子整理好。

的确是这样，如果你有3万元钱，丢掉了300元，你会很心疼，然而，你在无聊中浪费掉了300天，却可能没往心里去。你可曾想过，前者是财富的1％，而后者是生命的1％。如果没有认识到这一点，那就太遗憾了！按82岁的寿命计算，人的一生只有3万天。去掉童年、暮年、生病、吃饭、睡觉的时间，真正用于工作、学习的时间就更少了。

那么，怎样科学地利用时间呢？亲爱的朋友，你需要学会时间管理。

什么是时间管理？

在我们探讨"时间管理"这个问题以前，不妨先来动手完成一个实验：准备一杯水、一杯沙子、一杯石子和一只空杯子，实验要求是必须把水、沙子、石子这三样东西装进空杯子中，你该怎么做？

常见的做法一般有两种。第一种是先往空杯子里装入石子和沙子，最后再装水；第二种是先往空杯子里装水，再装沙子和石子。经过实际操作之后，你会发现最好的办法是：先把石子放进杯子，然后再倒入沙子，石子的空隙被沙子填满了，最后再倒入水，而沙石之间的小空隙，还可以容得下水。

从时间管理的角度来看，空杯子的容量就像是我们的时间，虽然容量看着有限，但实际上可以装很多东西；虽然我们每天只有 24 小时，但能做的事情，远比我们想象的多。杯子中装入更多东西的关键，在于放东西的顺序：石子、沙子、水。同样，要想充分发挥时间的价值，我们每天都需要对要做的事情进行排序。

如果说这只空杯子是你一天用来学习和娱乐的时间，那么我们可以把石子比作学习，沙子比作你的爱好和兴趣，水比作你的游戏。按照第一种装法，在相同的时间里，可以先完成学习任务（装石子），接着可以参加自己感兴趣的活动（装沙子），最后还能挤出空余时间玩游戏（装水）。但如果按照第二种装法，玩游戏占了你一天的时间（装水），那么最终学习和感兴趣的活动就都无法进行（无法再装石子和沙子）。

做完了上述小实验，你明白时间管理的重要性了吗？

在明确我们要做的事情之后，用好工具是提高效率以及帮助我们进行时间管理的重要因素，在这里我给大家推荐几个常用的有助于管理时间的工具。

1. 清单。这是一个重要的工具，它可以协助管理生活中的各种事情，包括工作、学习、生活等方方面面。我们可以将待做事项罗列出来，并按照清单罗列出来的事项一件一件地完成。列下清单之后，重点还在于执行。比如说，每天早上开始学习时，罗列出当天必须要完成的事，然后在一天的学习过程中进行核对和检查，以确保完成任务。

2. 闹钟和日历。日历可以帮助我们进行年、月、日的整体规划，并阶段性地提醒我们应该完成的工作和学习进度，以便我们及时作出调整。而闹钟则可以对计划中的某些行为进行日常提醒，二者相辅相成。我们知道，人一忙起来，就容易忘掉很多事，提前把日程安排好并设置提醒，生活会过得很有节奏，不会手忙脚乱。

"时间就是生命""时间就是效率""时间就是金钱""一寸光阴一寸金，寸金难买寸光阴"……诸如此类的描述，我们耳熟能详。对待时间的方式，可以决定我们的命运，并且显示巨大的不同。我们的手中，握着的可能是失败的种子，也可能是成功的无限潜能。

我们常常听到，"我要是在学校多学点东西就好啦！""我应该少看些电视，好好地约束自己，多读点书！""时间根本不够用！"……诸如此类语言。

世界几乎全面地在进步，但我们一天还是只有24小时。最成功的人和最不成功的人一样，一天都只有24小时，但区别就在于他们如何利用这一天中所拥有的24小时。那么时间究竟是什么呢?

时间的4项独特性也许会带给我们对时间本质深刻的认识。

供给毫无弹性。时间的供给量是固定不变的，在任何情况下不会增加，也不会减少，每天都是24小时，所以我们无法开源。

无法蓄积。时间不像人力、财力、物力和技术那样能够被积蓄储藏。不论愿不愿意，我们都必须消费时间，所以我们无法节流。

无法取代。任何一项活动都有赖于时间的堆砌，这就是说，时间是任何活动所不可缺少的基本资源。因此，时间是无法取代的。

无法失而复得。时间一旦丧失，则会永远丧失。花费了金钱，尚可赚回，但倘若挥霍了时间，任何人都无力挽回。

了解了"时间"的本质，我们就可以来探讨"时间管理"了！

所谓时间管理，是指用最短的时间或在预定的时间内，把事情做好。这里面最重要的是如何减少时间浪费。

浪费时间的原因有主观和客观两大方面。这里，我们来分析一下浪费时间的主观原因，因为，这是一切的根源：做事目标不明确；作风拖拉；缺乏优先顺序，抓不住重点；过于注重细节；做事有头无尾；没有条理，不简洁，简单的事情复杂化；事必躬亲、不懂得授权；不会拒绝别人的请求；消极思考。

一项国际调查表明：一个效率糟糕的人与一个高效的人学习、工作效率相差10倍以上。

接下来，我们来看一组数据，虽然这些数据来自国外，但对我们来说还是有一定参考价值的。

人们一般每8分钟就会受到1次打扰，每小时大约7次，每天50次～60次。平均每次被打扰用时大约是5分钟，总共大约4小时。大约50%～80%的打扰是没有意义或者极少有价值的。

每天自学1小时，一周就能累计7小时，一年可累计365小时，一个人可以像全日制学生一样学习，3～5年就可以成为某一方面的专家。

如果一个人办公桌上乱七八糟，他平均每天就会为找东西花1.5个小时，每周要花7.5个小时。

善于利用时间的人不会把时间花在需要的事情上，而会花在值得的事情上。

时间管理当中最有用的词是"不"。

做一件事情实际花费的时间往往会比预期的时间多一倍。

如果你让自己一天做一件事情，你会花一整天去做；如果你让自己一天做两件事情，你也会都完成；如果你让自己一天做12件事情，则会完成7～8件……

数字往往会揭示一些人们意想不到的真相。这些数据是否令你感到吃惊？我们不妨留意一下，找出一些和自己有关的时间数字，使自己始终保持危机感，警惕时间的流逝，抓紧利用好每一分、每一秒。

时间管理最好的方法是什么？

有人说是四象限法则。把要做的事情按照紧急、不紧急、重要、不重要的排列组合分成4个象限，这样的划分有利于我们对时间进行深刻的认识及有效的管理。第一象限是重要又紧急的事。

诸如应对考试、按时完成作业、生病治疗等。第二象限是重要但不紧急的事。主要与学习、生活的品质有关，包括学习目标的制订、学习计划的落实、问题的发现与预防等。第三象限是紧急但不重要的事。同伴组队踢球、突来访客等都属于这一类。第四象限属于不紧急也不重要的事。包含生活中各种琐碎的杂事，如闲聊、发呆等。

但我认为，时间管理最好的方法是：立即行动。

在美国、欧洲和日本，从德怀特·艾森豪威尔、理查德·尼克松、吉米·卡特、乔治·沃克·布什等历任美国总统，到纳尔逊·洛克菲勒、乔治·所罗斯、比尔·盖茨等商业巨子，再到阿诺德·施瓦辛格、大卫·贝克汉姆等文体巨星，他们在青少年时期都受到过一个人的决定性影响。这个人，就是美国成功学奠基人、伟大的成功励志导师奥里森·马登博士。

奥里森·马登博士关于"行动"的诠释几乎无人能及。我没有理由不把他的精彩演讲奉献给已经懂得了珍惜时间的你。

拖延等于死亡

你打算什么时候实现梦想呢？你在等什么？还有什么没准备好？你在等待别人的帮助还是等待时机成熟？

最消磨意志、摧毁创造力的事情，莫过于拥有梦想而不开始行动。

年轻人最容易染上的可怕习惯，就是遇事明明已经计划好、考虑过，甚至已经做出决定了，却仍然畏首畏尾、瞻前顾后、不敢采取行动。对自己越来越没有信心，不敢决断，终于陷入失败的境地。

很多人喜欢订计划，在周密、工整的计划中获得部分满足。但是如果不能将计划变为行动，在若干年后看到这张纸只会感到深深的失落，尤其是，当同时起步的朋友已经实现了梦想的时候。

成功者都能理解这句格言："拖延等于死亡。"

"整个事情成功的秘诀在于，"阿莫斯·劳伦斯说，"形成立即行动的好习惯，才会站在时代潮流的前列，而另一些人的习惯是一直拖延，直到时代超越了他们，结果就被甩到后面去了。"

成千上万的人都拥有雄心壮志，为什么很多人没有如愿以偿，甚至在温饱线上挣扎？其中大多数人一直在拖延行动。并不是不想行动，只是想过一段时间再开始，这样一晃就是一生。

经常听人说："我知道今天该做这件事，但是今天我情绪不好、状态不好、条件不好、这样那样不好，这件事肯定做不好，还是以后再说吧。"于是他开始拖延。他把该做的事放在一边，去做那些比较容易、比较有趣的事。

这件事也许比较乏味、比较难，但是，一件事值不值得做，不在于它能带来多少乐趣，而在于它对人格发展、自我完善的作用。

其实他只需要强迫自己做一次，就能找到行动的感觉了。一件看起来很难的事情，有时候只需要几分钟就可以开个头，就能让他进入行动的状态、踏上成功之路的第一步，但是他拖延了一辈子也没付出这几分钟。

对他来说，行动为什么这么难？因为行动就意味着要承担一系列的责任，他下意识地惧怕承担责任。

不要害怕承担责任，要立下决心，你一定可以承担任何正常职业生涯中的责任，你一定可以比前人完成得更出色。世界上最愚蠢的事情就是推卸眼前的责任、等待"时机成熟"。在需要承担重大责任的时候，应该马上承担它，此时此刻就是成熟的时机。如果不习惯这样做，即使将来的条件比现在更好，我们也不敢肯定时机是否成熟。这样，就什么事也做不了。

造船厂有一种力量强大的机器，能够把一些破烂的钢铁毫不费力地压成坚固的钢板。善于行动的人就像这种机器一样，异常坚定，只要决心去做，任何复杂困难的问题都无法阻止他们。

一个目标明确、胸有成竹、充满自信的人，绝不会把自己的计划拿出来与别人反复讨论，除非他遇到了比他见识高得多、比他能力强得多的人。他有主见，迫切需要行动。不会在徘徊观望中浪费时间，也不会在挫折面前气馁。只要做出了行动的决定，就勇往直前。

是的，要提升自己的人格、发展自己的个性，最重要的是立即采取行动，去做你想做的事情。"每天早晨起床后，"某成功者说，"不管你喜不喜欢，你都得有事做，强迫自己工作并尽最大努力做好，可以培养自控能力、勤奋、意志力等各种美德。在懒惰的人那里，是没有这些优点可言的。"

播下一个行动，你将收获一种习惯；播下一种习惯，你将收获一种性格；播下一种性格，你将收获一种命运。

"立即行动！"

无论何时，当"立即行动"这个警句从你的下意识心理闪现到有意识心理时，你将恢复你的良好状态与调整你的现实处境。通过它，你就可能把将要毁弃了的一天变成令人愉快的一天。

以死观生，向死而生

生命最大的回响，是与死亡碰撞之后的轰响。

一切绚烂都归于平静，一切隐晦都烟消云散，这就是死亡，每一个生命个体必然要面临的死亡。在人类史上，已经有800亿人类生命的个体毫无例外地走向了死亡。

没有人不喜欢活着，然而，个体的生命可以被延长，但是它永远不能避免死亡。死亡确实是一件能够盖住我们所有人的斗篷，从情感上来说，我们谁也不喜欢它，但从生物学的观点来看，我们得承认它的公正。

有人说，生命是一笔上苍给每个人放在银行里的储蓄，没有人在生前知道它的数额，但有一点是真实的，我们都在一天天地消费它，直到有一天生命出现了赤字。人的生命用减法，价值实现用加法。在这里，昨天是使用过的支票，明天是未发行的债券，只有今天才是现金，可以使用。

当你超越了生命的长度、拓展了心灵的宽度、增加了灵魂的深度后，你会明白，对于我们每个人来说，有限的生命都只是人类生命长河中的一闪灵光，是人类生命的一部分，是人类生命的一段链环……

超越死亡，不是神话故事中追求的长生不老——现代科学的发展已经证明这是不可能的，也不是指各种宗教中所讲的"永生"。超越死亡是指精神上对死亡的超越。我们应坚信，生命可以被死亡带走，而人生却可以走向永恒。

什么是死亡？

人体就好像是一部奇妙的机器。当死亡来临时，这部机器就停止了活动。

人们对死亡的认识，从古至今经历了一个由不认识到认识，由感性认识到理性认识的发展过程。直到20世纪60年代，循环和呼吸中止一直是死亡无可争辩的标志，而被所有的国家接受为医学上及立法上的死亡标准。但是，随着科学技术的不断发展和人类文明的进步，这种传统的死亡概念正不断受到挑战。例如，现代心肺复苏技术的发展，已能有效地使许多原来临床上检查心跳呼吸停止、已被看作死亡了的人又得以复活。有病例报告显示心跳停止1个多小时的人，在使用起搏器、人工呼吸机等现代心肺复苏技术后又得以复活。同时，人工呼吸机等维持生命的器械的发展，能使不可逆性严重脑损伤（实际上已经不能复活）的人，长时间（数年、数十年）地保持心跳、血压和呼吸而不"死"。据称，在美国每年大约要花费15亿美元，昼夜不停地用药物、人工饲养及人工呼吸机，维持约1万个这样的人的生命，耗费着大量的金钱、时间和精力。同时，器官移植技术的成熟，也督促人们重新考虑死亡的概念。为了提高移植器官的存活率而挽救一个人的生命，要求被移植的器官从供体内摘取的时间愈早愈好。而按照传统的死亡概念确定时间，则使得这种要求很难实现。而且就器官移植供体的最大来源——交通事故中不可复性严重脑损伤的人来说，制定新的死亡概念显得尤为重要。因为这些人已不能复活，但用人工呼吸机等维持心肺功能的器械能使他们的"有用"器官得到较长时间的存活。于是，脑死亡这种新的死亡概念就应运而生了。

作为最重要的维持生命的器官——脑、心和肺之间存在着不可分离的紧密联系。全脑作为神经系统的中枢，控制协调着心和肺的正常机能，正常的心跳供给脑和肺存活和发挥正常机能所不可缺少的血液循环，而肺的正常呼吸功能又供给脑和心存活和发挥正常机能所必需的充足的氧气并排出二氧化碳。上述三个重要生命器官中任何一个不可复性的严重损伤和机能障碍都必然显著影响其他两个以及所有器官组织的机能，而最终导致死亡。换句话说，脑、心或肺自主功能不可逆的中止，就意味着死亡。

为什么会死亡？

个体的生命可以被延长，但是永远也不能和死亡脱去干系。无论是在青春活泼的阳光里茁壮成长，还是在行将就木的阴影下步履蹒跚，由基因指挥的人体细胞死亡犹如一颗颗星星陨落，亦似一座座城市消亡。目前科学研究普遍认为人体细胞的死亡途径有细胞凋亡、细胞坏死及自噬3种。任何一种都有可能成为体内局部细胞死亡的主要原因。在一个细胞寿命即将结束的时候，细胞自身保护性关卡开始减弱，此时细胞会根据周围的环境，出现下列3种情况中的一种：1. 细胞会向专门的维护细胞发出"把我吃掉"的信号，维护细胞会把濒死细胞吃掉并回收利用濒死细胞所含的物质；2. 细胞自我隔离并以某种程式化的利他性自杀形式把自身消耗掉；3. 细胞突然破裂，细胞所含之物溢出来，进入周围组织中。这每秒每分成百上千万的细胞死亡就像人生的"小死"，这每时每刻的人生"小死"构成了我们最终的"大死"。

人的死亡通常是自然死亡（也叫非暴力死亡）。它可以分为两种：

衰老死。指由于机体自然衰老，体内各器官组织生理功能逐渐减退直至衰竭，尤其是脑、心或肺功能的自然衰竭导致的死亡，也称生理性死亡。按照科学的预测，一个人能期望的自然寿

命应是150岁以上，甚至更长。但目前人类的生存条件下活到100岁以上的人已属少见。而且，真正无疾而终的衰老死几乎是没有的。人活到高寿时，全身抵抗力严重减退，最后往往还是由于某种疾病而病死。因此衰老死更多的是具有理论上的意义。

疾病死。指由于疾病的发展、恶化而引起的死亡。这里所说的疾病是除物理性致病因素（如机械性暴力、高低温、电流、辐射、激光）和化学性致病因素（如各种化学性毒物、药物）以外，其他致病因素所引起的疾病。如生物性致病因素（包括病毒、支原体、立克次体、细菌、螺旋体、真菌及寄生虫等），以及营养性、遗传性、先天性、免疫性和精神因素所致的疾病。慢性环境因素的伤害，如慢性过度饮酒所致的慢性酒精中毒，长期吸入石棉、粉尘等所致的矽肺等，也被认为是疾病。

有自然死亡就会有非自然死亡。引起非自然死亡的原因，可以从自然和社会两个层面来分析。前者包括饥荒、地震、火山爆发、龙卷风、海啸、雷电、暴风雨等自然灾难，后者包括犯罪伤害、意外事故、职业、自杀、吸毒、战争等社会因素，这些都可引起非自然死亡。

直面死亡，我们不应恐惧，因为死亡是一种自然规律，是"必然会降临的节日"。海伦·聂尔宁说："我现在知道了，当我们选择告别的时候，我们能够随时告别，心平气和地、安静地、带有尊严地死去……死并不是生命冒险活动的结束，而不过是身体的终结而已。"每个人在面对不可避免的死亡时，应以一种尊严的方式迎接它。

　　人类对死亡和时空的态度与意识以其观照点和观照方式的不同可以分为三类：即以生观死、等观生死和以死观生这三种观照方式。

　　第一种观照方式是以生观死，用生命掩盖死亡，时间意识大于空间意识。具体地说就是用生命这一概念来定义死亡这一概念，死亡即个体生命的终结，但同时用群体生命延续不息的表象取代了对个体死亡的恐惧。这是人类原始的生命观。原始人不了解死亡，从而揣测死亡，认为部落中有人死去是因为触怒了神灵，人死后会以另一种生命形式而继续存在。

　　第二种观照方式是等观生死，因彼岸幻化此岸，时间意识小于空间意识，即把生和死截然分割开或消弭其界限。从后者来说，就是庄子的"方生方死，方死方生"，一瞬即是永恒，时间意识为零，剩下美丽而又诗意化的大空间。从前者来说，等观生死就是人的现世之外，还有一个森严的末日审判之后的空间在，而这个死后的空间又可以囊括所有的时间流程。

第三种观照方式为以死观生。用德国新浪漫主义诗人霍夫曼·斯塔尔的话说就是："只是因为我会死，我才感觉到我的存在。"以死观生，用死亡照亮生命，空间意识融合于时间意识中，人就是生活在此时此刻的空间之物，因顿悟到死亡的深邃和强度，从而承担起生的重担，痛苦然而快乐。

你愿意采取哪种观照态度？

我认为，以死亡为师，我们才能认识到人生的无常，才能学会"真正地活着"。死亡告诉我们，我们随时都可能会死，所谓"活着"，指的只不过是我们现在这一刻的状态而已。事实上，我们都不知道自己明天是不是还活着。谁知道呢？我们都认为自己还能再活几十年。但谁能保证？

孔子说："未知生，焉知死？"而我们认为，"未知死，焉知生？"没有对死亡的深刻观照，一个人生命的意义也就无法凸显。"苹果之父"史蒂夫·乔布斯在这方面为我们做了很好的示范，他在2005年斯坦福大学学生毕业典礼上发表了演讲：

> 当我17岁的时候，我读到了一句话："如果你把每一天都当作生命中最后一天去生活的话，那么有一天你会发现你是正确的。"这句话给我留下了深刻的印象。从那时起的33年

内，我在每天早晨都会对着镜子问自己："如果今天是我生命中的最后一天，我会不会完成我今天想做的事情呢？"当答案连续很多次都是"不"的时候，我知道自己需要改变某些事情了。

"记住你即将死去"是我一生中遇到的最重要的箴言。它帮我指明了生命中重要的选择。因为几乎所有的事情，包括所有的荣誉、所有的骄傲、所有对难堪和失败的恐惧，在死亡面前都会消失。我看到的是留下的真正重要的东西。你有时候会思考你将会失去某些东西，"记住你即将死去"是我知道的避免这些想法的最好办法。你已经赤身裸体了，你没有理由不去跟随自己内心的声音。

没有人愿意死，但是死亡是我们每个人共同的不可逆行的终点，从来没有人能够逃脱它。也应该如此，因为死亡就是生命中最好的一个规律。它将旧的清除以便给新的让路，一如人体细胞的衰老与死亡。现在是新的一切生命，从现在开始不久以后，都会逐渐地变成旧的然后被清除。这十分的真实。

死亡让我们学会珍惜和享受每一天，就像这天是我们生命中的最后一天一样。每天早晨睁开眼睛时，我们都应该告诉自己："我醒了，我见到阳光了！我感谢太阳、感谢一切人、感谢一切事，因为我还活着！不错，又赚了一天！今天我还是要做回我自己！"

死亡让我们了解到"拥有"的真实含义。我们应怀着明镜般的心，珍惜拥有的一切，幸福地活在当下。这样，我们对死亡就不再怀有恐惧。古希腊哲学家伊壁鸠鲁在《致美诺寇的信》中写道："正确认识到死亡与我们无关，便使我们对于人生有死这件事愉快起来，这种认识并不是给人生增加上无尽的时间，而是把我们从对于不死的渴望中解放了出来。"

　　一个人如果正确地了解到生命终止并没有什么可怕，对于他而言，活着也就没有什么可怕。那么，如果有人说他之所以怕死，并不是因为死亡在来临时使他难过，而是因为预想到死亡使他难过，那就是个傻瓜了。死亡，其实对于我们是无足轻重的，因为当我们存在时，死亡对于我们而言还没有来，而当死亡时，我们已经不存在了。因此死对于生者和死者都不相干，因为对于生者来说，死亡是不存在的，而对于死者来说，本身就不存在了。

　　我们不仅不要恐惧死亡，我们更要以"超越死亡"为人生的终极目标，从而更幸福地生活，更坦然地面对死亡。

"超越死亡"，并非指人肉体上永恒存在、长生不死，这是绝对不可能的，它指的是：

人们直面人生时，能够坦然地面对死亡，在心理上不畏惧死、不害怕死，从而享有生的欢欣和死的尊严。

人们可以正常地深思有关生死的各类问题，为面对他人（如朋友和自己的亲人），或是自我生命的终点做好心理与生理上的准备。

人们可以把对死亡的认识转化为人的生活过程与生命进程的动力，将死亡观转化为规划人生的资源和促进人生发展的动力机制，从而既幸福地生，亦坦然地死，最后则能超越死亡，获得精神生命的永生与不朽。

总之，死是生命的终止，但精神可以获得永恒。死亡可以夺走人的生理生命，但人的精神生命可以延续。有许多人生前创造了一些永恒性的精神产品，如音乐、绘画、文学的创作，如自然科学、社会科学和人文科学等方面的创造，如道德人格榜样的树立，如世间丰功伟业的创建，等等。那么，虽然他们的生理生命已经逝去，但因其"立德、立功、立言"了，使其精神生命永存于世。

在人类发展的历史长河中，可谓群星闪耀。撷取这璀璨星河中的几颗，来照亮我们精神的时空，让我们体验不同人生，进行生命的感悟与人生思考，这是一件非常有意义的事。

亲爱的朋友，在对人生的终极思考中，我建议你读一些优秀的传记。这些优秀人物传记中人物的时代性和代表性、选材的真实性和典型性、文章的史实性与文学性，会感染和影响我们，激励我们的一生。

在这里给你推荐三部传记。

第一部是罗曼·罗兰的旷世巨著《名人传》。《名人传》（又名《巨人三传》）共收入3人：德国音乐家贝多芬，意大利雕塑家、画家、诗人米开朗基罗，俄国思想家、文学家托尔斯泰。比较这三个人物，我们不难发现，他们虽然事业不同，贡献有别，但毫无疑问，他们都是伟大的天才，都是各自领域里英雄式的人物。而且，他们在人生求索追问的过程中，肉体和精神都经历了常人难以想象的磨难，进而创造出不朽的杰作。贝多芬的"在伤心隐忍中找栖身之地"，米开朗基罗的"愈受苦，愈使我喜欢"，托尔斯泰的"我哭泣，我痛苦，我只是欲求真理"，无不惊心动魄，震撼人心。作者讴歌这些英雄和巨人，其目的是"创造精神世界的太阳，呼吸英雄的气息，使人们在痛苦失望的现实中获得心灵上的支撑"。

在作者对3个巨人的推崇中，尤以托尔斯泰为最。罗曼·罗兰满腔热情，精心刻画了自己的启示者、引路人——托尔斯泰。罗曼·罗兰目光敏锐地发现托尔斯泰的人民性：人民反对压迫者的怒潮日益高涨，不可能不对托尔斯泰产生影响，托尔斯泰对社会的批判态度，很大程度上来自他听到了人民的心声。他习惯生活在远离城市的地方，生活在农民中间，他对人民思维特点的掌握已经到了炉火纯青的地步……不仅仅托尔斯泰的语言和描写手法应归功于人民，甚至他许许多多的灵感也应归功于人民。在罗曼·罗兰笔下，托尔斯泰是个勇于自我"解剖"的人。他不断剖析自己，不甘沉沦。他在日记中记载："我这么懒散，没有做规定要做的事。为什么呢？……我会强迫自己去做""我浪费了许多光阴""总而言之，简单一句话，我胡闹够了"。他不断自省。1852年2月28日，在一次"战斗"之后，他写道："这是表现自己全部精神力量的唯一机会，可是我表现得软弱无能，对此，我自己都感到不满。"他还常常因为自己的平庸而不满。"平庸的生活使我痛苦，但是我毕竟还能藐视自己和唾弃自己的生活。在身上有一种力量使我确信我来到人世并不是要做一个和大家一样的人。我渴求的是能对人们的幸福和利益产生巨大的影响。"正是托尔斯泰的自我"解剖"，使得他的思想一步步向前推进，自我"解剖"是托尔斯泰思想成长的重要方式。在考察平民生活的艰难困苦时，托尔斯泰认为自己对这种困苦负有不可推卸的责任。面对社会的悲惨现实，托尔斯泰发出"谁之罪"的质询，其实是在质问自己，认为自己就是有罪的那一个人。托尔斯泰常被自己有罪的思想折磨着，显出卑微和恐惧。这种心理，来源于托尔斯泰的"人生而平等"的民主思想。

第二部是林语堂的《苏东坡传》。苏东坡是林语堂最欣赏的一个历史人物，林语堂曾说："我认为我完全知道苏东坡，因为我了解他。我了解他，是因为我喜爱他。喜爱哪个诗人，完全是由于哪一种癖好。我想李白更为崇高，而杜甫更为伟大——在他伟大的诗之清新、自然、工巧，悲天悯人的情感方面更为伟大。但是不必表示什么歉意，恕我直言，我偏爱的诗人是苏东坡。"

苏东坡一生，40多年为官，如果简单地划分，可以概括为两个大循环："在朝—地方官—被贬"。第一个大循环从反对新党的变法，被外放到杭州、密州、徐州、湖州等地做地方官，后来又由于"乌台诗案"被贬到黄州。第二个循环从元祐元年被召还进京做大官，因与司马光旧党的矛盾，又被外放到杭州、颍州、扬州、定州，再后来被贬到英州、惠州，最后到儋州。纵观苏东坡的一生，林语堂说可以用"坎坷多舛"来概括。苏东坡生活的时期为北宋中后期，国力日渐衰微，边患日趋严重，国家积贫积弱，社会危机此起彼伏，走上政坛的苏东坡就一直处在这复杂多变的党争矛盾中。他既不容于王安石的"变法派"，也不容于司马光为首的"反对派"，后来又因为"乌台诗案"被人陷害而罪贬黄州，即便到了垂暮之年仍被流放到岭南。这一切的宦海沉浮，并没有改变苏东坡。显达的荣华富贵，孤独的颠沛流离，历史的剧目不管翻多少花样，苏东坡依然故我。经历过大悲的人才能体验大喜，但大悲大喜都经历过的苏东坡已经完全宠辱不惊了，"他一生嬉游歌唱，自得其乐，悲哀和不幸降临，他总是微笑接受"。林语堂在《苏东坡传》序言里说："苏东坡是个秉性难改的乐天派，是悲天悯人的道德家，是黎民百姓的好朋友，是散文作家，是新派的画家，是伟大的书法家，是酿酒的实验者，是工程师，是假道学的反对派，是瑜伽术的修炼者，是佛教徒，是士大夫，是皇帝的秘书，是饮酒成癖者，是心肠慈悲的法官，是政治上的坚持己见者，是月下的漫步者，是诗人，是生性诙谐爱开玩笑的人。"他认为与中国其他诗人相比，苏东坡这位天才诗人更具有丰富的多面性、变化感和幽默感，智能优异，心灵却像天真的儿童——
"灵巧如蛇，纯真如鸽"。这无疑是对苏东坡的最为精妙的概括。
苏东坡是中国历史上当之无愧的、极令大众倾心仰慕的伟大文
人，这不仅是基于他的诗歌和散文的魅力，更基于他总是能坚守
自己的原则，在苦难中寻找乐趣的罕见本领，以及由此形成的人
格魅力。

　　第三部是《仁爱一生：诺贝尔和平奖得主特里萨修女传》。特
里萨修女又称特蕾莎修女，是世界著名的天主教慈善工作者，因
把一生奉献给消除贫困事业，于1979年获得诺贝尔和平奖。1910
年，特里萨出生于阿尔巴尼亚一个富裕的家庭，儿时叫艾格尼
丝·巩霞·博杰舒。1931年，艾格尼丝发愿成为修女，改名为
"特里萨"。1948年，38岁的特里萨做了一个决定："我听到一个声
音，要我放弃一切，踏进贫民窟，为最苦的穷人服务"。

　　特里萨修女起初在罗瑞托修道院传教。在那里，她讲授地理
和历史，后来当上了校长。但特里萨认为上苍对她有更大的期
待，而罗瑞托修道院"只是为富人设置而已"，自己更应该去救助
贫民窟的穷人。受一颗"不安良心"的驱使，特里萨离开了罗瑞
托修道院。加尔各答是印度人口最多的城市。20世纪中叶的加尔
各答是一个噩梦般的城市，是被"胀破了创口"的地狱：到处是
被死亡诅咒、骨瘦如柴的人。为了实现自己"服务最苦穷人"的
夙愿，特里萨来到了人间地狱——加尔各答。来到这个城市，她
做的第一件事是入乡随俗：脱掉蓝色教袍，换上当地平民穿的白
色棉纱丽。"为穷人服务，那我就该穿得和他们一样。"为了铭记

自己的职责，特里萨提醒自己：时刻为这个城市的穷苦人民服务。从罗瑞托修道院到加尔各答，特里萨完成了一次意义重大的嬗变。传记作者详细叙述了特里萨救助一个名叫巴布的小男孩的经过，情节过程一波三折。面对饥饿的巴布，初来乍到的特里萨无能为力，只能先帮他包扎伤口。谁知，巴布突然抓过药品拄着拐杖跑进一个小窝棚。随着巴布的步伐，借助特里萨的眼睛，读者看到了这样的场景：一位妇女躺在地板上，另外两个孩子骨瘦如柴，目光呆滞。面对如此困境，特里萨只能将手中的维生素丸给了他们。妇人十分感激特里萨，并提出让特里萨救助另一位生病老妇人的要求。这种"穷亦兼济天下"的博爱，撞击着特里萨的胸膛：为什么穷人会那么善良呢？对此，特里萨修女有一句名言如是说："贫困的人是非常了不起的，他们绝不会骄傲，绝不会欺骗别人，贫困的人都拥有感谢的心、善良的心。"面对如此贫穷可怜的孩子，特里萨陷入沉思：如何才能从根本上解救这些孩子呢？俗话说，输血不如造血，"授人以鱼不如授人以渔"。唯有让他们掌握知识才能帮他们摆脱落后的困境。为此，特里萨萌发了开办"露天学校"的想法。第二天，特里萨以空地为教室，以地面为黑板，充分发挥自身授课的魅力，吸引着巴布等多名小孩前来听课。修女的这一举动得到了孩子们的肯定，爱的力量转变成感恩的行动，孩子们帮助特里萨修女简单地搭起了"一座帐篷"。在这座帐篷里，特里萨修女除教学生读读写写外，还教学生基本的卫生常识和技能，如教孩子刷牙、洗脸和洗澡。除此之外，特里萨修女还教会当地妇女为她们的孩子洗澡。特里萨修女开办露天学校的事被广为传播，学生一时间猛增至500多人。"得道多助"，在得知特里萨孤身办学的事迹后，特里萨修女以前在圣母利亚中学高中教过的三名女学生，前来助她一臂之力。四人根据学生年龄授课，实施分层教育，又扩大了办学影响。除了兴办贫民学校，特里萨修女还收养弃婴，建立"儿童之家"。尤其让人感动的是，她为垂死的人建立了临终关怀院。这在当时是"一件不可思议"的事。为什么不可思议？原因大致有两点：一是在人口爆炸到让人绝望的国度里，"死亡是一件最正常不过的事情"；二是贫苦人民的生命在当时被富人们视为草芥，而修女们在做这种工作时所体现出来的精神——对任何生命的无条件的尊重，显得弥足珍贵和特立独行。面对恐怖的躯体，特里萨修女毫不畏惧。"搬进大堂""喂他进食""清洁便溺""清除蛆虫"……高贵的灵魂背后蕴含着对垂死者尊严的呵护与尊重。一位被救助的老妇人在临终时从内心发出最真诚的感恩："我一生活得像条狗，而我现在死得像个人。"

有限的肉体生命与无限的精神生命对应，才使人生变得充实；有限的生与无限的死对应，才激发了人类崇高而伟大的生命激情。死亡并不是生活的敌人，而是生活的朋友。因为死亡意味着我们的生命是有限的，有限的人生才显出时光的宝贵。光阴是借给我们的，让我们暂时保管一下，因此，我们必须尽最大的努力去承担这项重任。

一位外国作家打比方说，我们就像一群孩子，被允许在一个大的花园里度过一天的时光。我们在花园里度过的这一天对每个人而言都是不同的，但是如果我们懂得去欣赏、去体味，这一天中其实有着看不完的美景，享受不尽的欢乐和幸福。在这一天结束的时候，万能的花园管理员——死神就会出现在每个人的面前，然后会告诉我们："天已经晚了，该回家了。尘世的孩子们，到了你们睡觉的时间了。来吧，你们累了，躺在自然的怀抱中好好地安息吧。"

亲爱的朋友，明白了这一切，就让我们蓄一池清水在心头，时时拂拭吧。

拂拭的第一步——健康：身体是上苍赐予我们最神圣的礼物！记住这句话，孩子。你的肉体是灵魂寄居的基点，也是亲人和朋友关注的重心。也许在你身边发生的一些事情能帮助你更好地理解健康的含义，但孩子，别怨我在这里多一句嘴：珍爱你的身体，它不是仅仅属于你自己的。

拂拭的第二步——追求：唤醒你内心酣睡的巨人，他比所有神灵更为有力！积极的心态，明确的目标，正确的思考，勇敢的探索，自我控制，个性豁达，热情，乐观……孩子，要坚信自己不会平庸。

拂拭的第三步——宁静：海纳百川，有容乃大。宽广的心胸，能赛过宁静的大海，也能赛过蔚蓝的天空。多为他人着想，就不会为自己的狭隘和自私而感到痛苦。你知道吗？现实社会中许多人的苦恼都是因为心灵没有一片宁静造成的。

拂拭的第四步——纯洁：坚守你应该坚守的一切，拒绝你应该拒绝的所有，让你的身体和心灵保持永远的单一纯净、不染尘埃。"多少人曾爱你青春欢畅的时辰，爱慕你的美丽，假意或真心。只有一个人，还爱你虔诚的灵魂，爱你苍老的脸上的皱纹。"如果有一天，当岁月改变了你的容颜，你却还保有纯洁的心灵，孩子，会有人爱你不渝！

拂拭的第五步——审慎：君子有所为有所不为。社会为我们早早地画下了一道警戒线，它集聚了人类进化几十万年才得到的有限而又无尽的智慧，希望你能珍惜。在你未来广阔的生命空间里，会逐渐出现越来越多的各种诱惑，孩子，你要"冷眼"看，热心做，既不为浮华蒙尘，也别因害怕世俗而冷漠。你能做到。

拂拭的第六步——坦然：人生的惊奇实在太多了！哈雷彗星第一次划过天空时，人们以为世界末日来临，纷纷穷奢极欲，做尽过去不敢做的坏事，表现出劣根性的丑态，最终却什么也没发生。"泰坦尼克号"快要沉没的时候，船上的乘客有秩序地把救生艇让给了妇孺，让死亡走向自己，甚至还奏起了优雅的音乐，嘲笑死神的肤浅。两者之间，孰轻孰重呢？

拂拭六下，当你心清如水时，就能深深理解我这10日谈的一番馈赠。

📖 附录1

和自己在一起

——给李易同学的信

曾经，班上一名心理脆弱的学生（化名李易）在他的日记本上写下了遗书性质的文字，被其同学及时发现并报告给我，作为语文老师和班主任的我在课前30分钟决定临时取消《陈奂生上城》一文的授课，改上《善待生命》这堂课，我用台湾一个罹患软组织恶性肿瘤，并被截去了一条腿的9岁的小男孩周大观的童诗《我还有一只脚》贯穿课堂。课堂所呈现的生命的韧性和弹性，所探讨的生命的意义和价值成功地挽救了这个学生的生命。课后，我给作为小诗人的他写了这样一组信。

和自己在一起

亲爱的李易同学：

从今天开始，老师想给你写信，沟通一下我们彼此对人生的看法。人生是一个永恒的主题，我一直想找人探讨，我现在抓住了你，谁让你是我的语文尖子生呢！呵呵。

你有给自己写信的经历吗？我常常给自己写信，那是在我劳苦困顿的时候，在我孤立无援的时候，在我欣喜若狂的时候，在我忘乎所以的时候。我用我的信，调和我生命的那一片蔚蓝；我用我的信，找回我生命的那一份本真；我用我的信，点亮我生命的那一盏航灯。

是的，敲敲门，有人在吗？也许在，也许不在。敲敲你的心门，你在吗？想想这个问题，你会对自己肃然起敬！

我们有很多时候，并没有和自己在一起。尽管吃饭是用自己的嘴在吃，走路是用自己的腿在走，穿衣是用自己的手在穿，睡觉是用自己的身体在睡；可是我们太在意别人的感受，生怕别人嫌弃你吃饭的声音，生怕别人嘲笑你走路的姿势，生怕别人评点你周身的穿戴，生怕别人听到你梦中的呓语。我们把自己交给了别人，我们的灵魂成了别人的奴隶！

为什么不找回自己，在不该妥协的时候，对别人说"NO"；在受人溢美的时候，对自己说"NO"呢？

一个人是对的，他的世界也就是对的。一位伟人说："要么你去驾驭生命，要么是生命驾驭你。你的心态决定谁是坐骑，谁是骑师。"

的确，心态是你真正的主人，你说是吗？

 你的朋友 袁卫星

每天开出一朵花

亲爱的李易同学：

送一本书给你。那里有生命的风景，有智慧的语言。而真正要送给你的，也许仅是这本书的书名——《我的心中每天开出一朵花》。

是的，李易，把你的心房打开，将它整理成一个生命的后花园吧！经过了秋天的凋零，冬天的肃杀，春天的小草已经青青。

没有谁能够阻止一朵花，哪怕是无名之花花期的来临。

用什么浇开这每天的一朵花呢？用沸血的热情，用心跳的强音。还有那笑看花开花落的表情，远望云卷云舒的心境。

也许你会说，你的周围一片黑暗。那是因为你背对太阳，自己挡住了太阳的光线。现在，请你转过身来，面向阳光。那里每天都会诞生一个黎明。

如果真的不幸，你也要相信：不幸只是一段暗道，走出不幸，就是幸福。

每天的一朵花开了，请不要在意它的颜色，它的形状，而要在意它的芬芳。每一天你都用心细细地闻它，你会闻出生命的芳香。

每天的一朵花开了，请不要孤芳自赏。打一通电话，发一条短信，寄一份邮件，写一封手书，递一个微笑，一朵花就又开出许多朵。

你听你听，那是你生命新芽萌发，心情花蕾绽放的声音。

你的朋友 袁卫星

一路欢歌

亲爱的李易同学：

海水有涨潮、退潮，这是大自然的规律；心情有高潮、低潮，这是人生的定律。但如果永远是低潮，永远是退潮，你的人生的海洋就会枯竭，你的理想的风帆就会断桅。

你同意我这样的观点吗？

我比较乐观，我常对我自己说，怕什么，天塌下来，也还有高个子给我们顶着！

有的人比较悲观，悲观的原因是过于追求完美，刻意寻找永恒。

是的，完美是梦的翅膀。当鲜花烂漫，大地洒着阳光，青春萌动的心灵总会放飞一个又一个美丽的梦想。只是遗憾，梦的翅膀总是在现实的墙壁上折断。

是的，美丽如昙花一现，生命像白驹过隙，美好的东西总是匆匆又匆匆。这真是世间的一份遗憾。

但其实，世上本无完美，追求完美的人，总会发现许多不足，不断弥补，永无止境。绝对的完美是不存在的，于是，人类的追求也永无止境。也许，这正是完美的价值所在。

但其实，忘却自己才是永恒的最好方式。

我的眼前常常出现这样的画面：一条纤细的小溪，远道而来，一路的欢歌渐渐地渗入一片无垠的沙漠。她是那样坦然，甚至充满了银铃般的笑声……

你的朋友　袁卫星

点亮心灯

亲爱的李易同学：

你有没有这样的一种经历：突然之间觉得自己很烦？

有一段时间，我就感觉很烦。事情做了一大堆，可就是一样也没有做出成就感来。

我捧着课本进教室，想到的是这45分钟是任务，得把它完成了，好向学生，向家长，也好向学校有个交代。

我拿起笔来改作文，想到的是批掉一本是一本，老是不批，压在那里，时间长了，自己都会喘不过气来。

我打开电脑写文章，想到的是反正闲着也是闲着，做做码字的游戏，总比进聊天室一不留神诞生一段网恋的好。

我捧起书来读上几页，想到的是这些书花钱买来可不能让它们成冷宫里的妃子，怎么着也得让眼睛在上面跑一跑。

………………

后来我给自己讲了一个在台湾发生的真实故事：

有一个人工管理的平交道于傍晚时分发生了重大的交通事故，有关单位进行调查，欲了解事故发生原因。调查人员约谈平交道巡守员，问了三个重要的问题：

"火车到达时有否在场执勤？"

巡守员回答："依规定在场执勤。"

"有否提起警示灯左右摇晃警告来车？"

巡守员回答："警示灯确有左右摇晃。"

"警示灯有点亮吗？"

……此时巡守员犹豫了。

巡守员一切依规定办事，看上去有条不紊，但实际上与其说是缺少一盏点亮的灯，倒不如说是缺少一颗点亮的心。

写到这里，聪明的你一定会明白我的意思：先把心灯点亮，这是人生最要紧的一招！

你的朋友 袁卫星

学会选择，学会放弃

亲爱的李易同学：

18世纪英国作家塞缪尔·约翰逊有一部不太长，但意蕴丰富的小说《拉塞拉斯》。小说写的是阿比西尼亚王子拉塞拉斯对生活的选择。

王子不满足既定的生活方式，便与妹妹妮卡娅及其侍女一起外出探索，寻找并选择一种理想的生活。他们首先寻求青春的欢乐，却发现那不过是"粗鄙的声色之乐"。他们又寻求理性力量，投靠一位哲人。那位哲学家的信条是：理智战胜激情是通往幸福的唯一途径。然而，哲学家自己却因失去女儿，悲哀得发了疯，一点也看不出理智的自制和坚毅。他们转而寻求田园生活，返回纯自然的生存方式，在那里发现的却是愚昧、贫困、卑劣、嫉妒等丑态。在探索的第四个阶段，兄妹分头行动：拉塞拉斯去探索宫廷生活，发现的是政治的阴险和罪恶；妮卡娅去探索普通老百姓的家庭生活，发现家庭"无一不吵吵闹闹，鸡犬不宁"，"婚姻无一不痛苦，独身又毫无乐趣"。兄妹重新会合后，又一起探寻知识王国。他们拜访学识渊博的天文学家，天文学家却告诉他们，他所精通的科学知识大部分对人类没多大用处。

最后，拉塞拉斯兄妹明白了一个道理：选择的生活并不重要，重要的是生活的选择。要使生活可以忍受，唯一的办法就是使之多样化。任何一个选择的实现都会伴随着失望，而要打消失望，就得再次选择并为作出选择进行探索。理想的人生就是一个不断探索、不断选择的过程。

那么，我们该怎样选择人生？人生选择关乎人的命运、人的尊严、人的价值，乃至人的生命。

有一个故事值得一听，那就是古希腊神话中的大英雄赫拉克勒斯的故事；有一本书值得一看，那就是米兰·昆德拉的《生命中不能承受之轻》。

关于这个故事、这本书，我期待着与你的交流。

你的朋友　袁卫星

活着，真好

亲爱的李易同学：

这封信，我想把我往日学生（也曾是我的语文课代表）陈秀雅的一篇文章转录给你。希望对你有所启发。

活着，真好

总喜欢在夏日的雷阵雨后，痴痴地仰望天空，期待彩虹；总喜欢用那七种亮丽的色调装点我年轻的梦。生活就像雨后的彩虹，常常给我带来许多新感觉。而这些新感觉，又是那样无一例外地感动着我。

每天一背上书包，母亲的唠叨和父亲的叮咛就没完没了。尽管嘴里哼着"我是一只小小小小鸟，想要飞呀飞却飞也飞不高"，以及"外面的世界很精彩"，可在心里，我还是喃喃地说着："有父母的爱，真好。"

在漫天的晚霞中抒写一天的欢声笑语，记下同学与老师的每一"滴"友情和关怀，那是我悸动的心中最大的财富。每一页日记上我都喃喃地写道："生活在有老师和同学的天地里，真好"。

记得高一下半学期期末考试前一段忙碌的日子里，我和伙伴们一样投入了紧张的学习之中。一个星期六的傍晚，在回家路上，我意外地遇上了一位相违已久的小学同窗。当我在她身后战战兢兢地轻声喊出她的名字的时候，没想到她转过头来认出我后的第一句话就是："陈，你瘦了好多。"

这一句或许是世界上最平淡的见面语，把彼时彼地的我感动得差点儿掉下泪来。不知为何，心里突然就觉得她好亲切。一种至深的幸福感油然而生："在这个世界上，有个普普通通的朋友，真好。"

九年级时，我的一位老友因得肝炎不得不休学一年。当我跨入高中门槛的时候，她仍在九年级为中考孤独地奋斗。我执着于往日与她的一份深厚情谊，在每个星期日的早晨为她设计一张小小的卡片，然后通过邮局带给她一份祝福，一点鼓励和一"滴"友情。当她接到中师录取通知书的时候，兴奋地跑来找我，激动地执着我的手说："你是第一个知道这消息的人。陈，谢谢你！"

那时的我，简直不知说什么才好。付出的远不如得到的那么多，我还能说什么呢？所有的话语，只能化为一句："好好地生活吧。"似对她说也似对自己讲。

是的，当我面对每一片流云编织飞翔的梦时，当我为每一个雨季勾勒太阳光辉的时候，我总会说："活着，真好。"

你的朋友　袁卫星

📖 **附录2**

微笑着走在生命的每一天

——给晓梅同学的回信

袁卫星老师：

您好！我是九年级的一名女生。现在，临近中考，我却胆怯起来。从前，在升入七年级之前，老师们总是说初中三年是很快的。那时，我们总是认为九年级是那么遥远的事。

在七年级、八年级的时候，我的成绩总在上游，自从升入九年级后，我的成绩开始下滑，原先的那种成绩的优势完全消失了。我真的好害怕，害怕我考不上高中。看着爸妈那脸上的皱纹一条条地加深，白发一点点地长出，我真的好伤心、难过，他们十几年如一日地照顾我，还不是为了在这一年中，我能奋力一搏，然后展翅高飞，可是我却一次次让他们失望。

一次次的月考，我的成绩一次次下滑，我想付出行动，可是我又退缩了，我茫然了，我对自己放弃了。看着人家父母脸上整天挂着微笑，我觉得我好渺小，我好难过，我真想一走了之。人生来到世上难道真的是来受罪的吗？我觉得活着就有负担，但我又不想对不起父母，要走也要先报答他们。离中考已只有20多天了，我不知道自己还是否有机会考上高中。毕竟，对于我们农村的孩子来说，考上高中、大学才是唯一的出路。可如今，我连最有把握考高分的语文都只能考一点分数，我真的不知道该怎么办。

　　我不敢去跟我的老师谈心，因为我的成绩差，我怕她们瞧不起我。然后我就想到了袁卫星老师您。虽然我不认识您，可我觉得照片上的您很慈祥。本来想发电子邮件给您，可是我家没电脑。我知道您曾经在我们这儿教过书，所以更有亲切感。在只剩20多天的日子里，我该怎么办呢？怎样才能不辜负父母的期望呢？请给我一些建议吧！

　　　　　　　　　　一个伤心中等待奇迹的女孩　晓梅

微笑着走在生命的每一天

晓梅同学:

你好!因为出差几天刚到回苏州,所以接到你这封信并且着手回复的时候,也许比你期盼的晚了几天,请你理解并且原谅。

首先,我得感谢你对我的信任。你在信封的背面写着:"一个伤心绝望的女孩/等待灵魂的开导/我把心事告诉您/希望消除我的心结//一个远方的女孩/等待人生的启迪/我把实话传给您/希望勇敢过此刻……"这几句话,让我感受到的是瘦削的肩膀上需要承受的沉甸甸的分量,感受到的是生命中应当承担的责任之重。

说到生命中应当承担的责任之重,我想起了一个人,他就是2005年感动中国的第一人——23岁的湖南怀化学院学生洪战辉。洪战辉小学毕业12岁的时候,有间歇性精神病的父亲捡回一个弃婴,妈妈因忍受不了家庭的贫困无奈离家出走,洪战辉十多年来携妹求学、照顾病父、业余打工挣钱,吃尽苦头、饱尝社会辛酸,但却始终百折不挠、乐观向上。"妹妹有生命,我有责任要珍视;社会有生命,我们有责任让社会变得温暖。"洪战辉平凡的话语体现了他不平凡的自立自强的精神,也让我们明白了什么叫"责任"。责任始于出生,终于死亡,陪伴我们终身。责任引导我们做好事,禁止我们做坏事。责任使我们面对自我懂得珍惜,使我们走出家庭帮助别人,使我们融入社会共创美好。人为什么活着？怎样才能活得有意义？怎样能够让自己的生活更充实？这些是我们每一个人都会思考的问题。洪战辉用他的行动告诉了我们答案：人只有在对社会和他人的责任中，才能体现自身的价值和尊严，也才能得到别人的尊重，才能使自己的生活变得更加充实而富有意义。

晓梅同学，在你的信中，我首先读到的就是"责任"。并不是说帮助你是我的责任——这不必说——而是你的字里行间流露出你对家庭、对父母的一种责任意识、责任感，这让我非常感动，也十分欣赏。你在信中说，"看着爸妈那脸上的皱纹一条条地加深，白发一点点地长出，我真的好伤心、难过，他们十几年如一日地照顾我，还不是为了在这一年中，我能奋力一搏，然后展翅高飞"，"我觉得活着就有负担，但我又不想对不起父母，要走也要先报答他们"。——是的，"滴水之恩，当涌泉相报"，"谁言寸草心，报得三春晖"，当我们把这些古诗古话背得滚瓜烂熟，考试等于送分的时候，却常常在行动中写不出几个最简单的字：爱与回报！今天，我们中有不少在父母等长辈溺爱中长大的独生子女，从未有过回报的意识，更不用说有过回报的实践。冷漠和自以为是取代了爱。在他们看来，长辈，尤其是父母为他所做的一切都是应该的，不需要感谢，更不需要回报。一家人围着他转好比地球绕着太阳转一样，成了"自然规律"。他可以买最好的冰激凌，毫不顾惜这钱在父母那儿的来之不易；也可以为了集齐《水浒传》108将小卡片，去买并不会吃的方便面；甚至可以在浴室拥挤的夜晚，买来成箱的矿泉水淋浴……而为了一时怄气，将父母下厨精心准备的饭菜弃之一旁！当代女作家毕淑敏曾说过，"我相信每一个赤诚忠厚的孩子，都曾在心底向父母许下'孝'的宏愿，相信来日方长，相信水到渠成，相信自己必有功成名就衣锦还乡的那一天，可以从容尽孝。可惜人们忘了，忘了时间的残酷，忘了人生的短暂，忘了世上有永远无法报答的恩情，忘了生命本身有不堪一击的脆弱"。而你，懂事的晓梅同学显然和他们不同，你想到了你认为的最快的回报，最好的回报，最实际的回报，那就是：考上高中，考上大学，展翅高飞……你说，"毕竟，对于我们农村的孩子，考上高中、大学才是唯一的出路"。我注意到，你给我寄信用的信封是中国平安人寿保险股份有限公司的信封——也许是你的父亲或者母亲在做保险销售这份工作？你从他们整天忙碌奔波地辛苦工作中，或许更能感受到这种回报的价值。

考上高中，考上大学，展翅高飞……这固然是一种回报的方式，相信也是你父母殷切的期盼，但我想说的是，这不是唯一的方式。在这里，我并不想和你过多地讨论"上大学是不是唯一的出路"，以及"文凭和水平有什么差别"，而是想告诉你，现在求知、学习、向上和进步的机会，远不止一个。据我对苏州，尤其是对张家港教育的了解，基本上已经普及了高中教育。也就是说，你应当能通过中考，上一所中学。只是这个中学，可能是普通高中，也可能是职业高中。根据近年的中考录取情况，有大约一半的考生能够上普通高中，另外一半的考生，上职业高中。考上普通高中当然离你的愿望近了许多，但我认为，考上职业高中也未必是坏事。当前，国家正大力发展职业技术教育，职业技术教育的春天已经来到。在这样一个春天里，没有谁能够阻止一朵花，哪怕是无名之花花期的来临。苏州有很多的职业技术学校，他们的毕业生就业形势都很好；相反，全国有很多的大学生，现在找不到工作。因此，"蓝领"也好，"白领"也好，一切，其实都在自我实现之中；就业也好，创业也好，一切，其实都在自己对未来的把握之中。就是获得学历，也不仅仅是进入大学才能获得。

之前，在我们的新教育实验学校太仓市朱棣文小学，六年级四班有一个年仅12岁、名叫陈振航的小学生成功地完成了江苏省高等教育自学考试法律专业的所有科目的考试，拿到了许多成年人都难以拿到的高等教育自考毕业证书，也就是我们通常所说的"文凭"。事情要从2004年说起。那年，陈振航的爸爸正在报考南京大学的法律专业硕士研究生。看着爸爸书桌上堆得满满的法律专业书籍，小振航突然来了兴趣，随手翻了起来，不料想，却被一个个法律名词吸引住了，如饥似渴地读了起来。小振航对爸爸说，他也要学法律。爸爸就鼓励他报自学考试试试。说报就报，小振航果真报了《中国法制史》和《民法学》两门专业课程。于是，在接下来的日子里，小振航便没有了休息日和寒暑假的概念。每天，他在做完老师布置的作业后，雷打不动地看上一到两小时的法律专业书籍，哪怕是春节期间也不例外。凡是不懂的地方，他就问爸爸。有时，还和爸爸因为观点不同而争论起来。三个月后的考试，两门课程全部及格，而且成绩相当不错，《中国法制史》77分，《民法学》79分。小振航更有信心了，在接下来的一年当中，他又连续报考了其他各门课程，最终全部通过。在所有的14门课程中，他的《国际法》得了90分，《马克思主义哲学原理》得了80分，连非常难的《大学语文》也得了77分！在自考的十几个月里，小振航也碰到过挫折，他的《法理学》连续考了三次才得以通过。第一次考，只得了47分，他有点沮丧，在爸爸的鼓励下，他又第二次报考。但由于题目确实偏难，再加上学习方法失当，他第二次考试的成绩仅仅46分，比第一次还要低。但是，他没有气馁，认真总结经验教训，付出了比以前更多的努力，一遍又一遍地看书、做题。功夫不负有心人，坚持终于产生奇迹，在今年四月份的第三次考试中，他终于获得72分，为拿到毕业证书扫除了最后的障碍。

一个小学生都能通过不懈的努力获得高等教育的文凭，你这样一个有抱负、有理想、有追求的人，还怕没有机会吗？机遇总会垂青那些有所准备的人，也许有时候它会姗姗来迟，但请相信，只要你为之付出、为之努力，它总会来到。不知你注意到没有，无论是洪战辉还是小振航，他们都有个共同点，那就是只要认准了道理认准了目标，就坚持不懈地去努力，失败了，爬起来，昂起头，挺直腰……他们都具有生命的韧性。

晓梅同学，在你的信上，最让我担心的是这几句："我又退缩了，我茫然了，我对自己放弃了……我觉得我好渺小，我好难过，我真想一走了之……"这几句话，可以概括为一个词，那就是"放弃"。我们来看看你我所熟悉的运动员是怎样来看待"放弃"这个词的——在2004年雅典奥运会上平了英国选手科林·杰克逊1993年创造的110米跨栏项目的世界纪录，打破了黑人垄断男子短道壁垒的中国飞人刘翔，在2005年世界锦标赛后，因为伤病，很少参加比赛，直到2006年5月6日的大阪田径大奖赛他才正式复出。在夺得三连冠后，记者问他："在你的运动生涯中，有没有想过放弃？"他回答："当然，我想过放弃，训练中的伤病，心理上的退缩让我想放弃，但是既然已经是一个职业运动员了，我想我一定要继续下去，这是一种运动精神。"记者又问："运动场上，最能激发你潜能的运动精神是什么？"他又回答："坚持到底、绝不放弃，敢于挑战、超越自己。"是的，"坚持到底、绝不放弃，敢于挑战、超越自己"，这不仅是一种运动精神，也同样应当成为我们的一种精神，由此来面对生活，面对生命。尤其是对生命，那更应当是永不言放弃，就是死神到了面前，我们还要顽强抗争呢！请你记住，对我们每一个人而言，没有了生命，就没有了一切的基础；放弃生命，就是放弃存在的基础！生命道德律的第一条，就是善待生命。既要善待别人的生命，也要善待自己的生命。善待生命，也是，不，更是一种责任！世界上最大的罪过，就是将生命无辜剥夺。

你说，"在七年级、八年级，我的成绩总在上游，自从升入九年级后，我的成绩开始下滑，原先的那种成绩的优势完全消失了。我真的好害怕，害怕我考不上高中"，"如今，我连最有把握考高分的语文都只能考一点分数，我真的不知道该怎么办"。的确，九年级阶段的学习是非常紧张的，考试也多，从某种意义上来说，每一次考试也是一次实力的竞争，力量的角逐；也是一次荣誉的召唤，掌声的期待。离中考仅有20来天，现在再来说看看你的学习目标是否已经明确，看看你的学习兴趣是否日益浓厚，看看你的学习意志是否坚韧刚强，看看你的学习基础是否牢固扎实，看看你的学习方法是否正确有效……这似乎有些晚了。但我想说的是，你要记住这样一个学习的不等式："状态"远大于"方法"，"方法"远大于"苦干"！现在必要的，是要检查你的状态。这个状态，也包括你的心态。一位伟人说："要么你去驾驭生命，要么是生命驾驭你。你的心态决定谁是坐骑，谁是骑师。"的确，心态是你真正的主人。你可千万不能让你的心态犯上"非白即黑，非此即彼"或者"灾难化式的心理过滤"的毛病。"非白即黑，非此即彼"，就是凡事从一个极端走向另一个极端，假如某种情况未臻完美，就认为是个彻底的失败。"我没有考上高中，就意味着没有机会考上大学，就意味着我的一生从此完蛋了。"就是这种错误。"灾难化式的心理过滤"，就是总爱挑出某个事件的消极因素，并把它不着边际地夸大，将问题朝最坏的方向去想。"我连最擅长的语文都没有优势了，那中考肯定没希望了！"就是这种错误。这样的心态会让你造成考试焦虑，容易在考场上恐惧不安、产生多余动作，胡乱答卷，甚至坐在那里脑子一片空白……

那么，现在，请你常做一些放松：深呼吸——长长地吸气再长长地呼气，把紧张的气息带走；冥想——想象愉快的情景或者怡人的风景；放松肌肉——给自己下达松弛的指令，从手、肩、头、颈，到胸、腹、臀、脚；暗示自我——坚决杜绝使用"惨了""完了""糟了"之类的话，每天睡前记诵一句话："只要我尽力了，我就无悔了！"同时，找机会和父母和老师谈一次，告诉他们，其实你也很着急，让父母和老师了解你的心思和状态。其实你需要他们的鼓励，只要付出，就有收获；其实你需要他们的帮助，给你关怀，给你指点。爱默生曾经说过："上帝造物时，给每个事物都留一个缺陷。"这句话让我们感到自身的不足和谦卑，但同时又使我们备受鼓舞。在成长的过程中，我们不应当对自己（包括对别人）期望过高，甚至把完美主义强加给自己（包括给别人），那样会使我们背上精神的重负，甚至会将自己逐进失败的阴影，我们应当不时地给自己画上一张新的画像，真正地认识自己，完全地接受自己。

　　如果你需要一些学习上的直接的指导，那么，在不多的20来天的时间里，我建议你：一、有一份自己的复习计划。要具体明确。再不要学到哪里算哪里，或教师指向哪里自己就到哪里，更不能教师指向哪里，自己还到不了那里，每天在无所事事中度过。二、专心听课。最后阶段老师讲授的内容非常重要，是梳理知识，是查漏补缺。要在有效的课堂时间内巩固知识，发展智力，提高能力。三、练习考试。利用老师组织的或者自己模拟的考试来让自己进入中考的状态，大到心态的调整、情绪的把握，小到答题卡的填涂、卷面的工整书写，都要认真操练一遍。要提醒你的是，你的文字表达能力不错，字也还可以，但字可以写得再工整些，大一些。标点符号，特别是句号的书写要规范，不要写成英语中标点符号的句点。

　　晓梅同学，中考固然是一个人生的关口，但却不是唯一的关口，在还没有经过这个关口之前，你感到了压力。你找到我倾诉，这是一件好事。因为你表达出来了，它们就像水蒸气一样从锅里蒸发掉了——将一个很小的锅子严严实实地盖紧，放在火上烧，它爆炸时产生的威力将摧毁整座房屋；但如果让那些水蒸气蒸发掉，锅里的水沸腾时，就像在欢快地唱歌！你应当欢歌！只要你努力了，你就是你，值得你自己，值得你爸爸妈妈，也值得我们大家骄傲的晓梅！

——希望听到你微笑着走出考场的消息，更希望你微笑着走在生命中的每一天。

你的大朋友　袁卫星